A DÉCADA DO ROCK

1ª reimpessão/2021

FAMÍLIA   VIAGEM   GASTRONOMIA   **MÚSICA**   CRIATIVIDADE
& OUTRAS LOUCURAS

A DÉCADA DO ROCK

A FOTOGRAFIA DE
MARK "WEISSGUY" WEISS

ESCRITO POR
RICHARD BIENSTOCK

PREFÁCIO
ROB HALFORD

POSFÁCIO
EDDIE TRUNK

CONTRIBUIÇÕES
DANIEL SIWEK

TRADUÇÃO
MARCELO HAUCK

Não me lembro da presença do Mark, mas não me lembro de o Mark não estar presente. Ele era uma extensão da nossa tropa. O Mark era o nosso fotógrafo. São a energia, a criatividade, a atitude positiva e o entusiasmo que fazem do Mark Weiss uma das lendas da fotografia de rock. É por isso que o trabalho dele – o antigo e o novo – é muito procurado até hoje. A primeira sessão de fotos que fiz com ele mudou a minha vida e desde então, Mark Weiss e eu trabalhamos juntos profissionalmente e continuamos amigos. Ele inspira grandiosidade em tudo aquilo para o que aponta as lentes de sua câmera. Mas você não precisa acreditar no que estou dizendo. Dê uma olhada nas fotos deste livro.

– Dee Snider

SUMÁRIO

PREFÁCIO—ROB HALFORD ... 19

1973–1979 OS PRIMEIROS ANOS ... 22

1980 FOR THOSE ABOUT TO ROCK ... 45

ROCK AND A HARD PLACE ... 50

1981 I LOVE ROCK 'N' ROLL ... 57

COMEMORAÇÃO COM A CIRCUS ... 63

THE OZZMAN COMETH ... 69

A NOVA ONDA DO HEAVY METAL BRITÂNICO CHEGA AOS ESTADOS UNIDOS ... 79

1982 GIRLS ON FILM ... 89

TAKE ME TO THE TOP ... 93

A CAREQUINHA DO OZZY ... 101

UM NOVO PATAMAR ... 102

1983 ROSTOS EM NOVA YORK ... 115

LOVE IN AN ELEVATOR ... 122

UNMASKED ... 127

US FESTIVAL ... 130

A BOCA QUE RUGIA ... 139

1984 IT'S A MADHOUSE ... 145

DIÁRIO DE UMA DONA DE CASA INSANA ... 159

ENCURRALANDO O DEE SNIDER ... 171

1985 DRAW THE LINE ... 179

SONHO CALIFORNIANO ... 183

TODOS A BORDO DO TREM MALUCO DO OZZY ... 187

THE BOYS ARE BACK IN TOWN ... 201

A SALVAÇÃO DO MUNDO COM O ROCK 'N' ROLL ... 203

BERROS NO SENADO ... 211

1986 SÓ QUERO UMA FOTOGRAFIA SUA ... 219

WHY CAN'T THIS BE LOVE? ... 221

AS MOLHADAS E OS PROCURADOS ... 227

HIGH IN HIGH SCHOOL ... 235

SEEK AND DESTROY ... 240

1987 FLYING HIGH AGAIN ... 249

PERDOE OS MEUS PECADOS ... 256

FAZENDO MÁGICA ... 262

CASAMENTO ROCK 'N' ROLL ... 273

SESSÕES COM O GUNS ... 277

O DEMONÍACO? ... 285

1988 ANOS DOURADOS ... 291

DANZIG – UMA GALERA NADA DIVERTIDA ... 300

MONSTERS OF ROCK ... 303

CURTINDO NO SUNSET GRILL ... 311

LAY YOUR HANDS ON ME ... 321

1989 SAUDADE DE CASA ... 327

ESTA CASA NÃO ESTÁ À VENDA ... 331

BACK IN THE USSR ... 335

ACAMPAMENTO DO WEISSGUY ... 339

ATAQUE DE TUBARÃO ... 340

1990 WHERE HAVE ALL THE GOOD TIMES GONE? ... 347

KICKSTART MY HEART ... 355

BLAZE OF GLORY ... 359

POSFÁCIO—EDDIE TRUNK ... 375

AGRADECIMENTOS ... 376

Os anos 1980 foram emocionantes. Foi um período importante – uma época a ser celebrada. Nos anos 1980, tínhamos coisas como a MTV e as rádios rock, que prosperavam muito. Vivíamos um momento econômico em que as pessoas estavam bem financeiramente e tinham condições de ir a shows, comprar discos e se envolver de verdade com as bandas que amavam. Foi uma época no planeta em que as pessoas estavam celebrando. Aonde quer que fôssemos – e, lembre-se, o Mötley Crüe ia a todos os lugares, a todas as cidades, a todos os estados e países –, havia pessoas se divertindo. Era uma extravagância. Era tudo. Independentemente do que fizéssemos, o Mark era o cara perfeito para acompanhar a gente e ser aquele mosquitinho na parede. Ele era da galera. Por isso se deu tão bem com tantos artistas. A gente sentia que ele não era só um sujeito enviado pela gravadora, um cara da empresa, o Mark era uma pessoa que amava a música e o estilo de vida. Era um de nós. Ele ainda está por aí com a gente, do jeito que deve ser.

– Nikki Sixx

PREFÁCIO

Há uma expressão famosa: "Uma imagem vale mais do que mil palavras". O Mark Weiss reforça essa frase continuamente através dos tempos com as fotos de rock 'n' roll dele.

Então tentarei ser eficiente com as minhas palavras.

As pessoas dizem que são necessárias pelo menos mil horas de prática antes de uma pessoa poder alegar ser um verdadeiro mestre em qualquer ofício. No mundo do Mark, isso não é verdade já que ele provou ser um mestre em sua arte muito antes de completar essas horas de prática. E, recentemente, confirmei essa *expertise*, pois ele fez umas fotos minhas antes de eu subir no palco com o Priest há pouco tempo. Em um espaço muito limitado, o Mark agilizou um *backdrop* e conseguiu fazer uma sessão de fotos. Em menos de dois minutos, ele "arrebentou", como dizemos. Isso é profissionalismo de verdade.

Dito isso, acredito que o trabalho do Mark brilha de verdade é nas fotos de show. Quando um artista ou uma banda está tocando, o fotógrafo deve ter o olho e o instinto para capturar aquele que se tornará uma imagem atemporal.

Perdi a conta da quantidade de shows em que, ao olhar para baixo, vi o Mark no *pit*, correndo de um lado para o outro como um *banger* maníaco, tirando fotos como um possuído. É esse tipo de fervor e paixão, que Mark tem até hoje, que cria fotografias empolgantes e hipnóticas.

Outra coisa importante de se dizer aqui é que, seja de um show ou uma estática, uma fotografia deve transmitir a personalidade e o caráter do sujeito. E o Mark tem um sexto sentido quando se trata de externar isso. Admito, nós, músicos, podemos ser criaturas difíceis, mesmo nos melhores momentos. Ser capaz de encorajar e capturar esses traços durante uma sessão é um talento e uma habilidade oriundos de anos clicando aquele obturador e tirando fotos que devem chegar à casa das centenas de milhares.

Enfim, não interessa se você vê as fotos formais, de shows ou espontâneas dele, o Mark é uma lenda no mundo da fotografia de rock 'n' roll.

— Rob Halford

OS PRIMEIROS ANOS

Eu tinha 13 anos quando ganhei a minha primeira câmera. Ser fotógrafo não era algo que sequer havia passado pela minha cabeça.

Na época, só estava tentando ganhar uma graninha extra cortando grama em algumas casas. Era 1973, e eu era um moleque de Matawan, Nova Jersey, um bairro residencial a uma hora da cidade de Nova York. Éramos uma família de classe média – a minha mãe trabalhava com relações públicas, e o meu pai vendia revestimento de alumínio para casas de porta em porta. Foi a experiência do meu pai que me ajudou a desenvolver o meu negócio como cortador de grama. Ele me falou: "Faça as pessoas gostarem de você. Quando abrirem a porta, conecte-se com os olhos delas, depois se apresente e seja sincero. Sempre faça as pessoas acharem que você está ali para ajudar a vida delas a melhorar".

Não demorei para ter cinco clientes fixos por semana. Mesmo assim, eu estava sempre procurando mais. Um dia, bati na porta de um vizinho com o gramado muito malcuidado. "Oi, meu nome é Mark. Moro nesta rua. Vi que a sua grama está um pouco alta. Posso cortá-la para ajudar você?"

O homem me falou que ele cortava o próprio gramado. Respondi na hora com um sorrisinho malicioso: "Não parece. O seu cortador de grama não está funcionando?". O cara sorriu e me falou que, se eu cortasse a grama dele durante aquela estação, me daria uma câmera. Ele entrou e voltou segurando uma Bell & Howell Canon FP. Tive a impressão de que aquilo valia U$ 1 milhão. Falei: "Fechado". Depois que cortei a grama algumas vezes, ele me deu a câmera.

Após ganhar a câmera, quis aprender a usá-la da melhor maneira possível. Eu estava no final do oitavo ano. Havia um curso de fotografia na minha escola e uma câmara escura. Perguntei ao professor se ele podia me dar um curso intensivo de revelação e impressão de filme. Eu achava tudo naquela câmara escura maneiro demais. Entrar pela porta em forma de cilindro era como ser transportado para outra dimensão em meio a luzes vermelhas, bandejas cheias de produtos químicos e temporizadores que brilhavam no escuro. Eu ficava observando incrédulo um pedaço de papel em branco se transformar em imagem diante dos meus olhos. O processo todo era mágico.

ACIMA: Câmara escura do Mark nos fundos da garagem dele, em Matawan, Nova Jersey, 1978. **CANTO SUPERIOR DA PÁGINA AO LADO:** Jay, irmão do Mark; e Mike, o pai deles, em casa, 1973. **CANTO INFERIOR DA PÁGINA AO LADO:** Suzuki 50 do Mark, 1973.

Quando as aulas acabaram, fiquei chateado porque não ia mais ter um lugar para revelar e imprimir as fotos. Então, no meu aniversário de 14 anos – no dia 15 de junho de 1973 – o meu pai me levou à Fishkin Brothers, em Perth Amboy. Metade da loja era dedicada a artigos para as pessoas passarem o tempo e a outra metade, a câmeras. Eu costumava ir lá comprar carrinhos de montar. Dessa vez, fiquei olhando a iluminação de estúdio e as câmeras expostas nos armários de vidro. A minha impressão era de que jamais conseguiria ter nada daquilo. Meu pai comprou um ampliador para mim e, com o dinheiro que economizei cortando grama, comprei as bandejas, os produtos químicos e o papel. Em casa, eu usava o banheiro como câmara escura. Descobri o meu *hobby* novo.

Mais ou menos na mesma época, o Jay, meu irmão mais velho, começou a me mostrar músicas. Ele me levava aos ensaios da banda dele para vê-los tocar. Como a maioria dos moleques do meu bairro, a gente curtia motocross. Mas, no oitavo ano, eu já tinha cansado disso. Um ano antes, tinha saído pra andar de moto com um amigo meu e a gente bateu de frente um no outro, numa curva assassina. Fui arremessado da minha minimoto. O Jay foi até o lugar e me viu inconsciente no chão. A concussão me deixou apagado durante dois dias. Minha memória nunca mais foi a mesma depois daquilo.

Entrei no ensino médio e, com o tempo, comecei a perder interesse pela fotografia. A empolgação minguou e, com exceção de fotografar alguns eventos familiares, a minha câmera tinha virado peso de papel na prateleira. Mas tudo mudou no dia 8 de agosto de 1974, quando o meu irmão me levou ao Estádio Roosevelt, em Jersey City, para ver o Crosby, Stills, Nash & Young. Estávamos procurando um lugar no campo quando trombei com um amigo da família, o Kenny Reff. Ele era alguns anos mais velho do que

eu e estava a caminho do palco com duas gatas e uma câmera em volta do pescoço. Ele me falou que ia chegar mais perto para tirar fotos. Foi nesse momento que soube que era aquilo que eu queria fazer.

Aquele dia não foi muito importante só para mim. Também foi um dia marcante para o país, pois o Nixon renunciou. O Graham Nash apareceu, revelou o que tinha acontecido e todo mundo comemorou. Havia um clima meio "Woodstock" no ar. Éramos cinquenta mil pessoas vivendo um importante momento político da história, e ele estava acontecendo na atmosfera de um show de rock, com música alta, garotas e cheiro de maconha no ar. Eu me senti parte de algo significativo e entendi naquele momento que a música era uma parte gigantesca da cultura popular – e também da minha vida.

Entendi também que, independentemente de qual história tenha sido feita naquela noite, o que mais me afetou foi a imagem do meu amigo Kenny com a câmera e as duas garotas.

Alguns meses depois, decidi levar minha câmera a um show do Elton John. Fiquei nervoso por estar carregando a máquina na fila para entrar no Madison Square Garden. Mas consegui escondê-la debaixo do casaco sem problema. Estava longe do palco, mas gastei um rolo de filme lá mesmo do meu assento. Quase no final do show, o John Lennon entrou no palco e tocou três músicas com o Elton John. O único problema foi que o meu filme tinha acabado. Mas a perda daquela oportunidade me ensinou uma lição: sempre leve um rolo de filme a mais. E, na década seguinte, eu sempre terminava as minhas sessões de fotos gritando: "Mais um rolo!". Também aprendi que tinha que chegar mais perto do palco.

Não muito tempo depois, voltei ao Madison Square Garden e entrei com a câmera escondida no show do Peter Frampton. Dessa vez, ia fazer fotos com filme preto e branco para eu mesmo poder revelá-las. O único problema foi que o meu ingresso era para um assento "nos cafundós", lá

no alto da arena. Do meu lugar, mal conseguia distinguir o Peter lá embaixo no palco, mas concluí que ia simplesmente revelar os negativos e usar o meu ampliador para aumentar as imagens. Eu só não sabia que a fotografia não funciona bem assim. Depois de tudo pronto, dei uma olhada nas fotos. O Peter estava maior... mas completamente irreconhecível por causa da granulação no filme.

Em seguida, seria o Aerosmith no Garden – só que os ingressos estavam esgotados. Mas num jogo de cartas tarde da noite ouvi por acaso um amigo do meu irmão falar como dava para entrar em shows sem ingresso: "É só se aproximar do cara da segurança, mostrar rapidinho pra ele um ingresso falso, passar uns dólares por baixo da mesa, e ele gesticula pra você entrar". Funcionou que foi uma beleza.

Usei o mesmo esquema do ingresso falso quando o Kiss tocou no Madison Square Garden, na turnê do *Rock and Roll Over*. Mas eu ainda precisava chegar mais perto e achar um jeito de não me botarem pra fora. Quando as luzes apagaram, pulei a barricada e fui avançando. Depois, quando estava a umas dez fileiras do palco, parei e comecei a desmontar os assentos. Cerquei uma área de modo que os lanterninhas não conseguissem chegar a mim. E foi desse jeito que arrumei meu espacinho para fotografar o show inteiro. A partir de então, fiz isso durante anos, até começar a conseguir credenciais para ficar no *pit* com os outros fotógrafos.

Depois do show do Kiss, eu estava muito ansioso para chegar em casa, revelar o filme e imprimir as fotos a partir do negativo. No final daquela semana, levei as fotos para a escola e mostrei a alguns amigos. A notícia de que eu tinha fotos maneiras do Kiss se espalhou, e comecei a vender impressões em frente ao meu armário. Não demorou para eu ficar conhecido como "o moleque das fotos". Adorei aquela atenção. Fiz cartões de visita e pendurei um anúncio na escola. "Vendo Fotos de Shows. Procure Mark Weiss." Vendia fotos de 13 x 18 cm por US$ 0,75 cada e de 20 x 25 cm por US$ 1,25. Meus dias de correria tinham começado.

Naquele ano, enquanto os outros alunos decidiam quais faculdades fariam, eu estava fotografando shows e vendendo as fotos. Combinei com o meu pai que eu faria faculdade se ele providenciasse uma câmara escura para mim nos fundos da garagem. Até então, eu imprimia centenas de fotos na minha câmara escura improvisada: o banheiro da família.

Finalizei o último ano de ensino médio fotografando o Led Zeppelin, que tinha esgotado os ingressos para seis shows no Madison Square Garden. Fotografei o primeiro, no dia 7 de junho. Enquanto todos os meus amigos do colégio estavam em casa, se arrumando para o baile de formatura, eu fotografava o grandioso Zeppelin e vendia minhas fotos por US$ 1 cada.

Depois de me formar no ensino médio, consegui um emprego de salva-vidas no Parque Estadual Cheesequake, mas, quando rolava um show na área, eu voltava na hora para o negócio das fotos. Nessa época, também comecei a me envolver cada vez mais com a música, pois ela era um refúgio em relação ao estresse gerado pelo que estava acontecendo na minha vida familiar. O Jay tinha sido diagnosticado com uma doença mental, e a minha casa era uma montanha-russa de emoções. Eu me abriguei na música e na fotografia. Isso me ajudou a atravessar um período muito difícil em casa. Em setembro, fui estudar na faculdade Ramapo. Mas não demorei a ficar entediado lá, parecia que eu tinha voltado para o ensino médio. A única coisa boa foi que, na minha primeira semana lá, rolou o show de uma banda chamada Stars Rock N Roll Show. Tirei umas fotos no show e depois a Cheri, vocalista da banda, me procurou e perguntou se ela podia vê-las. Na semana seguinte, a gente se encontrou e ficamos muito amigos. Comecei a fazer as fotos promocionais da banda.

```
TODAY IS AN IMPORTANT DAY FOR ME.
I didn't think today would come because
of my father's illness and my accident.
But now that my Bar Mitzvah has come,
I am prepared to take on the responsibilities
of a man.
Because of the many things that have
been taught to me by my parents and my
teachers, I feel that I can use good
judgement in making important decisions.
```

NO TOPO: Primeiro autorretrato, 1973. **CANTO INFERIOR DIREITO:** Discurso de bar-mitzvá, 1972. **TOPO DA PÁGINA AO LADO:** Mark e Pat Shallis, no Mercado de Pulgas Rockages – It's Only Rock & Roll, no hotel Pennsylvania. Cidade de Nova York, 1978. **CANTO INFERIOR DA PÁGINA AO LADO:** Autorretrato, Mansão Assombrada, Long Branch, Nova Jersey, 1978.

HOJE É UM DIA IMPORTANTE PARA MIM.
Eu não achava que o dia de hoje chegaria, por causa da doença do meu pai e do meu acidente. Mas agora que o dia do meu bar-mitzvá chegou, estou preparado para assumir as responsabilidades de homem.
Por causa das muitas coisas que meus pais e professores me ensinam, sinto que sou capaz de usar o bom senso e tomar decisões importantes.

Tudo mudou de verdade no final de 1977. Em dezembro daquele ano, o Kiss voltou à cidade de Nova York para fazer três apresentações com ingressos esgotados no Madison Square Garden. Imprimi algumas centenas de fotos do show deles no MSG que eu tinha fotografado mais no início do ano e fui para lá no dia do primeiro show. Em frente ao Garden, as minhas fotos vendiam igual a pãozinho quente. Depois, entrei escondido e tirei algumas fotos antes de me botarem para fora. Esperei o público sair depois do show e comecei a vender de novo. As coisas estavam indo muito bem... até a polícia me prender por vender as minhas fotos. Passei a noite na cadeia.

Depois que saí, passei os dias seguintes reunindo um portfólio do meu trabalho e o levei ao escritório da revista *Circus*, em Manhattan. Por sorte, o diretor de arte não estava muito ocupado, então ele e o editor, Gerald Rothberg, me receberam. Eles gostaram das minhas fotos e me pediram para manter contato e informar quais shows eu ia fotografar. Ele me falou que, se eu quisesse oferecer fotos, teria que usar flash e Kodachrome 64 – assim as fotos ficariam mais nítidas e vibrantes.

Pouco depois disso, larguei a faculdade e me mudei para a casa da banda Stars Rock N Roll Show. Nem avisei meus pais que tinha parado de estudar. Cheri e o pessoal me levaram para a estrada como iluminador. Foi a minha primeira experiência em turnê.

25

Um dia, decidi dar um pulo no colégio em que tinha feito o ensino médio para dar um oi a alguns professores com quem tinha mantido contato. O meu professor de artes midiáticas, um homem chamado Walter Hatton, escrevia uma coluna sobre filmes para um jornal cultural chamado *Spectrum*. Ele passou o meu número para George Dassinger, outro escritor, que também era editor de música do jornal.

O George me ligou e perguntou se eu estava disponível para fotografar algumas bandas na região. A gente combinou, e vi minhas fotos publicadas pela primeira vez. Ele escrevia as resenhas, eu fazia as imagens. Não recebia para tirar as fotos, mas o trampo me colocou no *pit* com credencial de fotógrafo e eu adorava ver o meu nome impresso.

Em maio daquele ano, o *Spectrum* providenciou credencial de fotógrafo para alguns shows: Blondie, Cheap Trick, David Bowie e Bruce Springsteen. Decidi ligar para a *Circus* e perguntar se estavam precisando de alguma coisa. O Gerry me falou que um dos escritores estava resenhando o disco novo do Bruce, *Darkness on the Edge of Town*, e, se eu tivesse fotos boas dele – em Kodachrome –, ele usaria uma na revista. Seguindo o conselho do Gerry, também fotografei com flash pela primeira vez. Fui lá entregar as fotos no decorrer da semana – missão cumprida! No segundo semestre daquele ano, a minha foto foi publicada na *Circus*. Uma imagem pequena do Bruce Springsteen.

Assim que recebi a revista, fui para casa mostrá-la aos meus pais. Achei que seria uma boa maneira de dar a notícia de que tinha largado a faculdade e estava viajando com uma banda que tinha conhecido lá, tirando fotos e fazendo a iluminação na turnê deles.

No final do verão, no dia 6 de agosto de 1978, fotografei o Aerosmith, o Ted Nugent e o Journey, no estádio do Giants, em Nova Jersey. Quando recebi as fotos do laboratório, liguei para a *Circus* e contei o que eu tinha. Eles me disseram que estavam procurando fotos daquele show e me pediram para deixá-las no escritório. Dois meses depois, eu estava folheando a edição de outubro de 1978 com os Beatles na capa. E lá estava: um pôster do Steven Tyler de duas páginas no meio da revista... escrito MARK WEISS com uma fonte pequena na página. Era a maior foto da revista. Aquela que as pessoas arrancavam e botavam na parede.

Mesmo com o meu sucesso na *Circus*, meus pais insistiam para eu voltar a estudar, então me matriculei na Escola de Artes Visuais, em Manhattan. Fui morar com a tia da minha mãe e a família dela para ficar mais perto de onde fazia as aulas. Eu estava morando na cidade de Nova York! No dia 30 de setembro de 1978, montei uma banquinha no Mercado de Pulgas Rockages – It's Only Rock & Roll, no hotel Pennsylvania. Eu tinha uma coleção substancial de imagens. Também providenciei um *slideshow* com o meu material. Naquele momento, eu sabia que seguiria o meu destino e dedicaria a vida à minha paixão: eu seria um fotógrafo de rock 'n' roll.

AO LADO: Eric Clapton, turnê do *There's One in Every Crowd*. Nassau Coliseum, Uniondale, Nova York, 1975. **ACIMA:** Elton John, turnê do *Caribou*, no Madison Square Garden, 1974.

"O Mark me fotografou várias vezes, sempre fez um trabalho de primeira e me deixava relaxado. Grande fotógrafo, com um olho excelente para a composição." —**Ace Frehley (guitarrista do Kiss)**

AO LADO: Ace Frehley, do Kiss, turnê do *Rock and Roll Over,* Madison Square Garden, 1977. **ACIMA:** Aerosmith, turnê do *Rocks*, Madison Square Garden, 1976.

Não demorou para a *Circus* ligar me contratando para trabalhos remunerados. No dia 9 de janeiro de 1979, me pediram para cobrir o Music for Unicef Concert, com Bee Gees, Rod Stewart, Elton John e outros artistas *mainstream*. Quando descobri que a Rogers & Cowan era a empresa de publicidade responsável pelo evento, liguei para o meu amigo George Dassinger, que estava trabalhando lá. O George descolou credenciais para fotografar a passagem de som e o ensaio. A *Circus* usou o evento na capa e em uma página dupla na revista, e foi a primeira vez em que vi o meu nome impresso ao lado do nome do jornalista, em negrito: FOTOS DE MARK WEISS.

Depois que consegui a capa com o Bee Gees, a *Circus* começou a me contratar para mais trabalhos. Fotografei o Babys, que tocou no Bottom Line. Algumas semanas depois, voltei ao mesmo clube para fotografar o Police. Eu recebia US$ 125 por trampo, com a condição de que a revista ficasse com as fotos e pudesse usá-las o quanto quisesse.

No primeiro semestre de 1979, a Rogers & Cowan me contratou para fazer as fotos promocionais do disco novo do Peter Frampton, *Where I Should Be*, na casa dele, em Westchester, Nova York. Era a primeira sessão de fotos do Peter desde o acidente de moto quase fatal. Por sorte, ele escapou vivo só com um braço e umas costelas quebradas. O George me levou para a sessão e fizemos umas fotos bem casuais pela casa do Peter, inclusive com o Rocky, o cachorro dele, inspiração para a música que gravou em 1977, "Rocky's Hot Club". Ele acabou usando uma foto daquela sessão no material de divulgação do álbum, com o nome dele e o logo da gravadora impressos sob a minha foto. Mais uma estreia para colocar no meu currículo.

Comecei a ir à cidade de Nova York frequentemente fazer fotos para RPs e gravadoras. Indo embora de ônibus para Nova Jersey um dia, conheci uma garota chamada Denise, com quem comecei a sair. Ela me apresentou à galera que frequentava o Max's Kansas City, e foi assim que conheci um músico chamado Neon Leon.

O Neon Leon estava ficando famoso na cena – tinham pedido a ele para compor uma música que seria usada como tema da WNEW, rádio rock de Nova York. A música era "Rock & Roll Is Alive", que tinha começado a tocar 24 horas por dia no rádio, e a banda dele havia decidido lançá-la como *single*. O Leon me pediu para fazer a foto da capa. Depois da sessão, ele falou que queria me apresentar a Rusty Hamilton, que trabalhava em uma revista masculina chamada *Cheri*. Uma ruiva que tinha o apelido de Cherry Bomb. Encontrei-me com a garota no Max's Kansas City alguns dias depois, ela me contou que a *Cheri* começaria a publicar uma coluna de música e que ela podia me botar nos shows para fotografar as bandas para a revista. Fomos à Flórida fotografar e entrevistar o Village People. Embora não fosse o meu tipo de música, era um trabalho para a revista, e pude dar um rolê com a Cherry Bomb. Acabei fotografando concursos de camiseta molhada, garotas e capas ao redor do mundo.

Eu estava começando a achar que tinha me dado bem – em julho surgiu a oportunidade de fotografar o Kiss do *pit* dos fotógrafos no Madison Square Garden. No show deles, dois anos antes, eu havia terminado a noite sentado numa cela depois de ter sido preso por vender minhas fotos em frente à arena.

A produção era extraordinária. Eu estava muito empolgado quando fui buscar o filme. Para a minha decepção, quando peguei o filme revelado, vi que o flash tinha deixado o fundo quase totalmente escuro. E o cabelo preto dos integrantes da banda desaparecia mesclado ao fundo. Elas estavam tão claras e coloridas quando fotografei. Mas era o que a *Circus* exigia para que as fotos fossem publicadas na revista, então fiz o que era necessário. Também pesquisei um pouco para o show seguinte que fotografei. Aprendi a diminuir a velocidade do obturador, o que permite a entrada da luz de fundo. Era um esquema bem tentativa e erro, eu aprendia fotografando.

ACIMA: Peter Frampton, turnê do *I'm in You*, Madison Square Garden, 1977.
PÁGINA AO LADO: Alice Cooper, na turnê *King of the Silver Screen*, Nassau Coliseum, 1977.

No mês seguinte, fui contratado para fotografar o Ted Nugent e o AC/DC no Spectrum, na Filadélfia. Foi o meu primeiro trabalho para a Leber-Krebs, a empresa que agenciava o Aerosmith, o Scorpions, o AC/DC e o Ted Nugent. Laura Kaufman, a agente publicitária da Leber-Krebs, tinha visto as minhas fotos na Circus e me pediu para fotografar as duas bandas naquela noite.

A caminho do show, o meu pé escorregou do pedal de freio em um sinal e bati no carro da frente. Um cara saiu pelo lado do motorista. Enquanto ele andava na minha direção, abri a porta para descer e ver qual tinha sido o estrago. Antes mesmo de eu colocar o pé no chão, ele fechou a porta em cima da minha perna, me deu um murro do nada e cortou o meu lábio. Antes de seguir para o Spectrum, tive que dar uma passada no hospital para levar uns pontos.

Depois de fotografar o AC/DC, procurei a Laura para contar o que tinha acontecido. Ela me levou a um camarim vazio, trancou a porta, enrolou uma nota e jogou um pouco de cocaína na mesa. "Toma aí, você vai se sentir melhor", disse ela. Foi a minha primeira carreira. Depois disso, senti que não tinha acontecido nada comigo – fiquei na pilha e parti para o pit dos fotógrafos. Então ela me levou para ver o Ted, contou o que tinha acontecido e ele me chamou de "verdadeiro guerreiro do rock".

No final dos anos 1970, muita gente achava que o rock 'n' roll estava nas últimas. As pessoas estavam escutando disco e punk. A new wave estava em ascensão. As grandes bandas da época – Aerosmith, Zeppelin, Stones – encontravam-se em período de transição sem grandes turnês agendadas. Isso criou um vácuo para que bandas novas entrassem no circuito. Assim que vi bandas como AC/DC, Van Halen, Judas Priest e Scorpions, soube que havia uma nova geração chegando. Eles eram o gênero novo, e fui atraído pelo som mais pesado e dominado pelas guitarras. Nos anos 1970, fui o moleque com a câmera entrando escondido nos shows e fotografando as bandas do público. Nos anos 1980, fotografava as bandas do pit, no backstage e em turnê. Além de ter acesso aos ícones do rock 'n' roll no início da ascensão ao estrelato, eu também possuía a habilidade de trabalhar com eles. A década foi uma grande festa. A década da MTV, quando o visual se tornou tão importante quanto a música. Era a época perfeita para ser fotógrafo. Era a década do rock!

AO LADO: Eddie Van Halen no *backstage*, turnê World Vacation, Asbury Park Convention Hall, Asbury Park, Nova Jersey, 1979.
ACIMA: Van Halen, turnê World Vacation, 1979.

"A gente não ligava para política nem nada assim. A gente fazia rock para festa. Porra, só queríamos curtir e por um acaso gostávamos de música."
—Michael Anthony (baixista do Van Halen)

"O Mark tinha muita ética profissional. Um ótimo ouvido. Ótimo olho. Tenho muita sorte de sempre ter sido rodeado por pessoas conduzidas pelo espírito, pela atitude, energia e liberdade que o rhythm and blues e o rock 'n' roll representam. Pessoas como o Mark. Nós nos consideramos uma irmandade."
—**Ted Nugent**

AO LADO: Ted Nugent, turnê do *State of Shock*, Spectrum, Filadélfia, 1979.
ACIMA: Steven Tyler, do Aerosmith, turnê do *Draw the Line*, estádio do Giants, 1978.

ACIMA: Peter Frampton em casa com seu cachorro, Rocky. Westchester, Nova York, 1979.
AO LADO: Peter no seu estúdio de gravação, em 1979.

"O Mark tira fotos atemporais e teve a sorte de viver os anos 1970 e 1980, quando o rock 'n' roll fazia muito sucesso. Não era bem um negócio, na época, a gente estava inventando o jeito de se fazer aquilo. Ele estava presente no início, e acho que tem durado tanto tempo por causa do talento dele."
—**Peter Frampton**

ACIMA: Sammy Hagar no Madison Square Garden, em 1978. **AO LADO:** K. K. Downing e Rob Halford, do Judas Priest, turnê do *Killing Machine*. Capitol Theatre, Passaic, Nova Jersey, 1979. **PÁGINAS 40 E 41:** Led Zeppelin no Madison Square Garden, em 1977.

FOR THOSE ABOUT TO ROCK

Em outubro de 1980, vi o AC/DC tocar no Nassau Coliseum, na turnê do *Back in Black*. A última vez que tinha visto a banda foi quando ela abriu para o Ted Nugent, um ano antes, na Filadélfia. Dessa vez, Brian Johnson tinha assumido o vocal e vinham tocando em arenas como atração principal. Era a primeira turnê deles desde a morte do Bon Scott, um recomeço para a banda. A gravadora fez uma festa para os caras em um bar chamado Privates, na região norte de Manhattan. Era só uma reuniãozinha para comemorarem o lançamento do *Back in Black*. O David Coverdale e os caras do Whitesnake foram à festa, pois estavam na cidade para abrir o show do Jethro Tull, no Garden.

Eu adorava todas as bandas de rock e ficava de olho nos shows que rolavam na época para poder fotografá-los. No dia 5 de junho de 1980, o Southside Johnny & The Asbury Jukes fez um show no Freehold Raceway, que ficava a 15 minutos da minha casa. Daryl Hall & John Oates também iam tocar nesse dia, assim como o Willie Nile. Cheguei no início da tarde e vi o Southside ao lado do palco, que tinha sido montado no meio da pista, onde geralmente faziam corridas de cavalo. Comecei a fotografá-lo enquanto ele assistia à primeira banda – uns moleques que tinham acabado de sair do colégio. O Southside falou comigo: "Você devia estar fotografando aquele garoto". Fui ao palco para dar uma sacada. A banda, The Rest, era liderada por um cara de 18 anos chamado John Bongiovi.

O Rest estava tocando em clubes pequenos no circuito de Jersey, num período em que bandas locais como White Tiger e Twisted Sister estavam dominando a cena, enchendo as casas de fãs, como se fossem artistas de renome nacional. O White Tiger tocava *covers* de *hard rock* e *heavy metal* muito bem. Eles tinham cabelões e não economizavam na Lycra. Os caras se mexiam melhor do que qualquer banda da área e as garotas compareciam aos montes. Fiz amizade com o pessoal e eles me pediram para fazer umas fotos. Foi a primeira sessão que fiz com uma banda de *heavy metal*.

AO LADO: Brian Johnson, do AC/DC, no Privates, em Nova York.
ACIMA: David Coverdale, do Whitesnake, no Privates.

45

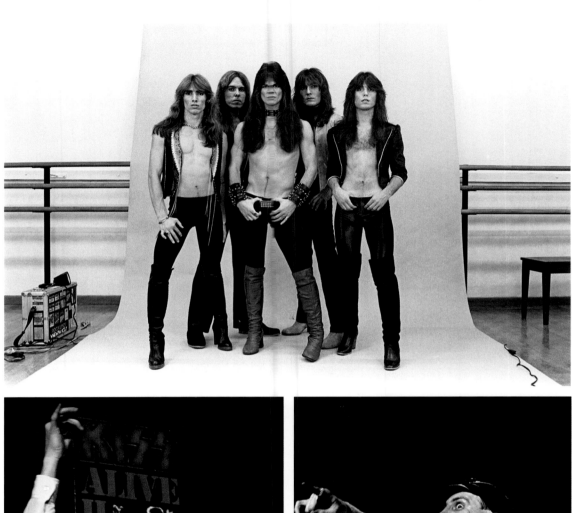

NO TOPO DESTA PÁGINA: White Tiger. **FOTOS ACIMA:** Robin Zander e Rick Nielsen, do Cheap Trick, na turnê do *Dream Police*. Capitol Theatre, em Passaic, Nova Jersey. **PÁGINA AO LADO:** John Bongiovi com a banda The Rest, no Freehold Raceway, em Nova Jersey.

"O Mark costumava ir fotografar os nossos shows. O que me chamava muito a atenção nele era a dedicação e o desejo de ser um 'fotógrafo de rock'. Então, quando precisamos de uma foto promocional nova, pensei em dar uma chance a ele. Desnecessário dizer que ele fez a imagem de que precisávamos. Nós a usamos no jornal *Aquarian Weekly* para promover o show seguinte no Fountain Casino. Pouco depois, levei o Mark ao *backstage* de um show do Twisted Sister e o apresentei ao Dee Snider."
—**Neil Thomas (vocalista do White Tiger)**

O Capitol Theatre, em Passaic, Nova Jersey, tinha sido um cinema antes de o promotor John Scher o transformar em casa de shows de rock. Era um lugar ótimo para fotografar, porque tinha um corredor no meio que permitia aos fotógrafos chegarem aonde precisavam para fazer as melhores imagens. Peguei o Cheap Trick lá na turnê do *Dream Police*, em março, quando estavam surfando na onda de sucesso do disco *Cheap Trick at Budokan*.

Mais ou menos nessa época, o Kiss estava planejando fazer um show de aquecimento no Palladium, em Manhattan, com o baterista novo, Eric Carr. Foi o único show deles nos EUA naquele ano. A apresentação aconteceu em uma casa de shows menor, e foi a primeira vez na história da banda que tocaram com um integrante novo. Para os fãs do Kiss, era um evento importante. A essa altura, eu conseguia credencial para entrar e fotografar quase todos os shows que queria, e esse era um que eu não perderia.

Recebi uma ligação da fotógrafa Lynn Goldsmith, que elogiou as minhas fotos e me perguntou se eu queria levantar uma grana extra fotografando para a agência dela, a LGI. Falei que não podia vender as minhas fotos, porque eu recebia as credenciais para entrar nos shows da *Circus*, por isso a revista era dona do meu trabalho. Ela me convenceu a usar um pseudônimo para que a *Circus* não ficasse sabendo. A Lynn também me disse que conseguia sessões de fotos e acesso a shows para mim. Comecei a enviar material a ela e a ganhar uma grana extra. Ela manteve a palavra e conseguiu uma sessão de fotos com o vocalista do Blue Öyster Cult, Eric Bloom, e a Harley-Davidson dele, no Madison Square Garden, quando a banda fez a turnê Black and Blue, com o Black Sabbath.

O Black Sabbath foi quem fechou aquela noite. Eu nunca tinha visto a banda ao vivo, muito menos com o Ronnie James Dio. Depois da sessão com o Eric, me apresentei ao gerente de turnê do Black Sabbath, para ver se topariam fazer umas fotos rápidas. Os caras concordaram e, depois que terminei com a banda, o Ronnie perguntou se eu queria fazer umas fotos só dele. A gente se deu bem na hora. Foi o começo de uma relação profissional que continuou até ele falecer, em 2010.

AO LADO: Ronnie James Dio, do Black Sabbath, na turnê Black and Blue.
ACIMA: Eric Bloom, do Blue Öyster Cult, na turnê Black and Blue, no Madison Square Garden.

'Eu entrava com ela para tocar 'Born to Be Wild' no bis – ligava pessoalmente para as concessionárias e perguntava: 'Tem alguém aí que pode me emprestar uma moto?'. E dava uma credencial para o *backstage* à pessoa. Fiz isso uns dois anos e depois, em 1980, pressionei a Harley para que me desse uma moto. É uma Low Rider 1980."
—Eric Bloom (vocalista do Blue Öyster Cult)

ROCK AND A HARD PLACE

Em abril, o Aerosmith tocou no Fountain Casino, em Aberdeen, Nova Jersey. Era uma casa de shows pequena para a banda. Eles tinham voltado ao circuito de clubes, porque o Joe Perry havia saído da banda e o Jimmy Crespo estava no lugar dele. Mas foi um show especial para mim. Fui como contratado da *Circus*, levei à passagem de som uma cópia daquela edição da revista de 1978 e também imprimi algumas fotos para dar ao Steven. Ele curtiu o pôster de duas páginas e as fotos que imprimi e me deu uma credencial com acesso total para fotografar o show. Foi o início de um longo relacionamento com o Aerosmith que perdura até hoje.

Por volta da mesma época, o Joe estava na estrada com a banda nova dele, o Joe Perry Project. Eles estavam promovendo o álbum de estreia, *Let the Music Do the Talking*. Enquanto o Aerosmith fazia shows no Fountain Casino, o Joe foi a Jersey para tocar no Alexander's, um lugar que tinha sido um bar de *striptease*. O Joe estava tocando para umas duzentas pessoas, mas aquilo não parecia incomodá-lo. Ele era bem humilde e parecia feliz com o recomeço fora do Aerosmith. A gente ficou um tempo juntos no *backstage* antes do show e fiz umas fotos dele segurando a capa do disco.

A Rusty Hamilton, editora que tinha assumido a parte musical da *Cheri*, me perguntou se eu conseguia uma banda de rock para dar uma entrevista à revista. Eu sabia que o Ted Nugent estava ensaiando no SIR, em Nova York, então perguntei ao agente publicitário dele se rolava uma entrevista. O Ted não tinha nenhum tipo de timidez – foi uma entrevista sem nenhuma restrição sobre sexo, drogas e rock 'n' roll.

Mais no final do ano, fui a Connecticut fotografar a Pat Benatar para a capa da edição de Melhores do Ano. Ela e o Robert Plant receberiam os prêmios de "Mulher do Ano" e "Homem do Ano". Fizemos uma sessão de fotos de cinco minutos no *backstage* na Universidade de Hartford, antes de ela começar o show.

Em dezembro, fui ao Central Park uma semana após John Lennon ser assassinado. Fãs se reuniram lá para homenageá-lo. Eu me lembro de ter visto a foto icônica do John Lennon em primeiro plano feita por Bob Gruen, ela me mostrou o impacto que uma fotografia podia ter. Mudanças enormes estavam em curso. Bon Scott e John Bonham morreram. E John Lennon foi assassinado. Ao mesmo tempo, havia uma excelente cena nova de *hard rock* e *metal* surgindo com bandas como Van Halen, Scorpions e Judas Priest. O AC/DC começou a despontar com o vocalista novo, e o grandioso Led Zeppelin tinha chegado ao auge. Uma década nova estava começando a tomar forma.

ACIMA: Jimmy Crespo e Steven Tyler, do Aerosmith, no *backstage*, durante a turnê do *Night in the Ruts*. **AO LADO:** Joe Perry, turnê do *Let the Music Do the Talking*, no Alexander's, em Nova Jersey.

NESTAS DUAS PÁGINAS: Van Halen, turnê World Invasion.

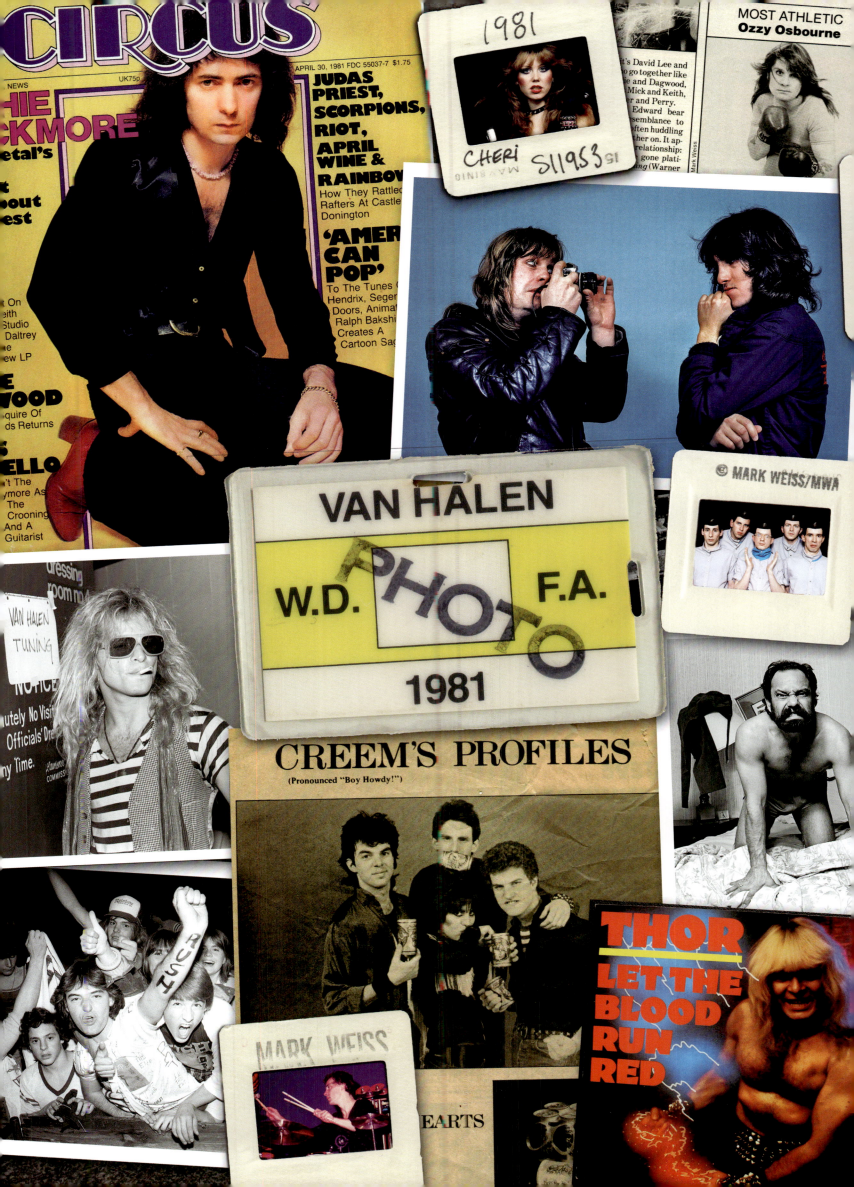

I LOVE ROCK 'N' ROLL

Nesta época, as minhas fotos estavam sendo publicadas em quase todas as edições da *Circus*. A revista usava principalmente fotos de shows, mas eu queria fazer mais sessões em *backstage* e fotos com pose, então resolvi expandir. Eu sabia que a revista *Creem* publicava fotos de *backstage* e mandei uma amostra do meu trabalho para a sede deles, em Detroit. Depois, liguei para um dos editores, e ele me falou que as bandas que eu fotografava eram *metal* demais para a *Creem*. Contei que estava fotografando a Joan Jett em alguns shows por Nova York e perguntei se ele tinha interesse em ver as fotos. "Se conseguir capturá-la segurando uma lata de Boy Howdy, dou uma página inteira pra você." Ele me mandou uns rótulos que eu podia colocar nas latas. "Boy Howdy" era o nome de uma cerveja fictícia. A ideia era fotografar os artistas segurando uma lata e depois, embaixo da foto, colocavam um texto tirando sarro da banda – zoeira rock 'n' roll da boa, estilo Lester Bangs. O desafio estava feito. (Alguns anos depois, em 1985, fiquei em segundo lugar na votação dos leitores para Fotógrafo do Ano da *Creem*.)

Eu estava no ensino médio na primeira vez que vi a Runaways na capa da *Circus*. Pensei: "Como ia ser maneiro sair em turnê fotografando essa banda". Em 1979, as garotas se separaram e Joan Jett saiu em carreira solo. Pouco depois, encontrei a Joan no escritório da Leber-Krebs, que estava interessada em agenciá-la. Eu ficava muito na Leber-Krebs, porque eles empresariavam o Aerosmith e o Ted Nugent. Sempre que tinha algum compromisso na cidade, eu ia lá fazer umas ligações e fiquei muito amigo da Carol Kaye, que era a responsável pela publicidade das bandas da empresa. Era o meu escritório não oficial. Foi nessa época que comecei a trabalhar com a Joan e a documentar o início da carreira dela como artista solo.

Eu sentia que fazia parte de uma equipe. A Joan tinha reencontrado o sucesso depois de lançar o disco *Bad Reputation*, e eu estava lá para capturar aquilo com a minha câmera. Ela fez alguns shows por Nova York e se sentiu bem à vontade comigo, a ponto de me deixar fotografar os bastidores.

Quando a Joan estava prestes a lançar o segundo disco solo, *I Love Rock 'n' Roll*, a Carol me chamou para fazer as fotos promocionais. Eu precisava de um lugar para fazer a sessão, então aluguei um estúdio na cidade de Nova York. Depois disso, decidi que o meu novo objetivo seria conseguir meu próprio espaço.

No final da sessão, peguei as latas de "Boy Howdy". Missão cumprida – a *Creem* publicou uma foto de página inteira da Joan com a banda.

ACIMA E AO LADO: Joan Jett em Nova York.

"O Mark nos fotografou na época em que estávamos deixando de ser uma banda que ralava muito para se destacar e começando a fazer um pouquinho mais de sucesso. Ser capaz de documentar isso foi muito especial. E as fotos são demais." —**Joan Jett**

"O Mark consegue deixar todo mundo relaxado e fazer cinco ou seis pessoas saírem bem na foto ao mesmo tempo, o que não é fácil. Ele é um grande fotógrafo de rock. O que mais uma garota como eu podia querer?" —**Debbie Harry (vocalista do Blondie)**

ACIMA: Chris Stein e Debbie Harry, do Blondie, em Nova York.
PÁGINA AO LADO: Debbie Harry.

"Na verdade, não era pose – estávamos parados. O Ramones nunca fazia pose, a gente não arrebitava a bunda e fazia biquinho. Não gostávamos dessa merda. Ficávamos parados lá e o cara fazia o que tinha que fazer. O Mark realmente capturou a gente. Dê uma sacada nos olhos do Dee Dee. O John está parecendo um típico sargento de instrução, e eu estou ali, segurando uma cerveja. Sei lá o que Joey está fazendo! —**Marty Ramone (baterista do Ramones)**

ACIMA E AO LADO: Ramones, no Media Sound Studio, em Nova York.

61

COMEMORAÇÃO COM A *CIRCUS*

Quando lia a *Circus* na adolescência, eu sonhava em ter uma foto de estúdio na capa. O Ritchie Blackmore foi a minha primeira foto a aparecer na capa inteira. Eu sabia que ele sempre usava preto, então falei com o Lon Heller, diretor de arte, para usarmos um fundo amarelo, um contraste legal que faria a revista se destacar nas bancas de jornal. Também queriam uma foto dele sem a guitarra na capa. Ele sempre posava com a guitarra e relutava em fotografar sem ela, então eu sabia que o trabalho não seria nada fácil. Improvisei um estúdio na sala de conferências de um Holiday Inn perto da casa do Ritchie, em Long Island. Ele me pareceu reservado, e no início da sessão não rolou muita conversa entre a gente. Gosto de dar espaço aos artistas. Sei quando pressionar e quando ficar na minha. Depois que o fiz posar com a guitarra, ele relaxou um pouco e ficou mais na boa.

A *Circus* estava comemorando doze anos de publicações e o pessoal me pediu para sugerir bandas que fariam parte da edição de aniversário. O Van Halen estava no topo da lista. Quando fizeram um show no Spectrum, na Filadélfia, no verão daquele ano, levei alguns balões e artigos de festa e os fotografei no *backstage*. Usei cenários parecidos para o Def Leppard, Ozzy, Foghat, The Tubes e Billy Squier na mesma edição.

Em setembro de 1981, os Rolling Stones deram início à turnê do *Tattoo You*, no estádio JFK, na Filadélfia. A oportunidade de fotografar os Stones pela *Circus* foi a realização de um sonho. Antes de os Stones entrarem no palco, vi o Journey, a banda de abertura, perambulando pelo *backstage*. Abordei os caras, falei que estava trabalhando para a *Circus* e perguntei se queriam fazer umas fotos. A parede colorida atrás deles é parte do *backdrop* dos Stones. Ficou perfeito. Texturas e cores sempre me inspiraram. Quando saía em turnê com uma banda, eu sempre procurava uma parede de tijolos detonada, um prédio abandonado. Para mim, isso demonstra personalidade.

NESTAS PÁGINAS: Fotos tiradas para a edição de aniversário da *Circus*: Van Halen (*parte superior da página ao lado*); Foghat (*parte inferior da página ao lado*); e Ozzy Osbourne (*acima*).

63

AO LADO: Mick Jagger, turnê de *Tattoo You*, no estádio JFK, na Filadélfia.
ACIMA: Journey, turnê de *Escape*, no estádio JFK.

"O Mark era uma presença importante na minha equipe. Ele é um grande fotógrafo – agressivo. E não digo isso como algo negativo. Ele é fã também e sempre consegue fazer a foto." —**Billy Squier**

ACIMA: Billy Squier na sede da *Circus*, em Nova York.
AO LADO: Ritchie Blackmore, do Rainbow, em Long Island, Nova York.

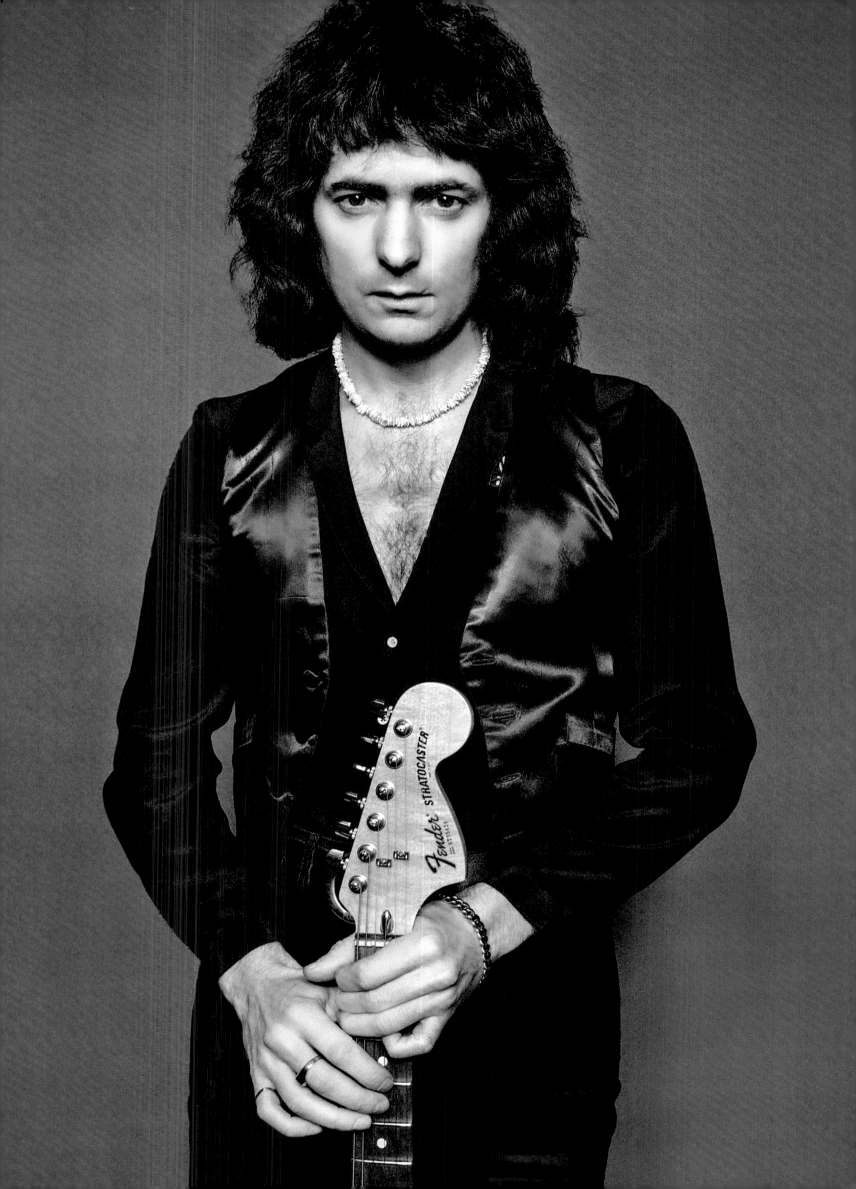

THE OZZMAN COMETH

Primeiro de agosto foi o dia oficial do lançamento da MTV. Com o aumento dos vídeos de rock e new wave, o visual passou a ser mais importante do que nunca.

As gravadoras começaram a me contratar para fotografar os artistas que vinham da Europa. A Capitol me levou ao escritório dela para fazer uma sessão com o Duran Duran, que tinha acabado de lançar o primeiro disco. O selo de Adam Ant alugou um barco perto de South Street Seaport, no sul de Manhattan, para fazer propaganda. Enquanto velejávamos pelo Rio East, fotografei Adam com a linha do horizonte da cidade de Nova York ao fundo.

Em abril, me contrataram para fotografar o Ozzy Osbourne para a capa e a reportagem principal da revista. Eu sabia que esse trampo seria louco, tinha acabado de sair a notícia de que o Ozzy havia mordido a cabeça de uma pomba na reunião com uma gravadora no mês anterior. Ele estava em Nova York promovendo o primeiro disco solo, *Blizzard of Ozz*. Passei alguns dias com o Ozzy, o fotografando pela cidade e no quarto dele no Plaza, onde preparei o cenário para a foto da capa. A *Circus* planejava usar a imagem dele em algumas capas e em pôsteres de duas páginas.

O Ozzy era um grande sujeito. Quando eu pedia para fazer alguma coisa, ele fazia o que eu queria e mais ainda. Na época, eu nem sempre falava tudo o que pensava. Uma coisa que eu pedia a ele era para esticar o pescoço para a frente porque ele ficava com um pequeno queixo duplo quando relaxava a cabeça. Ele não entendia a minha orientação, mas instintivamente esticava o pescoço para a frente na tentativa de escutar melhor. O Ozzy ficava falando: "O quê? Não estou te escutando, Mark!". Aí eu gritava: "É isso mesmo!". E ele respondia: "É isso mesmo o *quê*? O que é que você está falando, *porra*?". Parecia uma piada do Abbott com o Costello. A gente deu boas risadas com isso. Depois da sessão de fotos, mostrei o meu portfólio a ele. Aí tiramos umas fotos juntos. Éramos como duas crianças se divertindo. Eu sentia que estava finalmente mandando bem.

Uma das matérias de que ele ia participar se chamava "Anuário do Rock & Roll: Turma de 1981". No palco, Ozzy costumava ficar correndo para todo o lado, então a *Circus* o elegeu o "Mais Atlético". Decidi fazer umas fotos com tema de esportes, então, quando fui ao Plaza, levei luvas de boxe. O Ozzy apareceu com um tutu de balé. Ele estava se dedicando ao mesmo tema, só que o distorcendo. Vi uma bota e pedi para ele calçá-la, uma brincadeira com a "Fairies Wear Boots"[1]. Era uma cena bizarra, com certeza.

Quando entreguei as fotos à *Circus*, não pensei muito naquilo. Para a minha surpresa, eles usaram uma das fotos com roupa de balé na capa da edição. Depois que ela saiu, recebi uma ligação da Sharon Arden, empresária do Ozzy. Ela não estava satisfeita. E entendi o que a moça estava sentindo. Cara, aquele ali era o Príncipe das Trevas... de tutu cor-de-rosa na capa. Era para ela ser publicada pequena, em preto e branco e dentro da revista. Durante alguns meses depois desse episódio, a equipe do Ozzy não quis saber de mim. Uma pessoa chegou até a ligar para um programa de rádio ao vivo e perguntar por que ele tinha feito aquilo. O Ozzy respondeu, de forma relutante: "Aquilo foi um acidente". Mas a capa começou a receber muita atenção, e eles mudaram de opinião. Foi a partir de então que o Ozzy começou a fazer mais fotos malucas. Um tempo depois, eu o fiz usar figurinos ultrajantes.

Num dos dias em que estávamos fotografando, comentei com a Sharon que eu era amigo do Thor. Jon Mikl Thor, "O Lendário Guerreiro do Rock", era um campeão canadense de fisiculturismo. O Thor era famoso por entortar aço com os dentes e explodir garrafas de água quente em seus shows ao vivo. Sugeri que o levássemos ao hotel. Eu vivia tentando ajudar a divulgar o Thor, e percebi que o Ozzy estava disposto a qualquer coisa. E sabia que a Sharon também ia curtir a ideia.

---

1 "Fadas Usam Botas" - música que fecha o clássico *Paranoid*, segundo álbum da discografia do Black Sabbath, lançado em 1970. (N. do T.)

AO LADO E ACIMA: Ozzy Osbourne, no Hotel Plaza, na cidade de Nova York.

"O Mark sempre foi um cara muito legal comigo. Ele me dava oportunidades de encontrar artistas grandes. A foto que ele tirou de mim com o Ozzy é uma das minhas prediletas. Na época, o Black Sabbath era uma das minhas bandas favoritas e lá estava eu lutando boxe com o Ozzy Osbourne." —Thor

ACIMA: Ozzy Osbourne, fotografado para a revista *Circus*. **AO LADO:** Ozzy Osbourne e Thor trocando socos no Hotel Plaza. **PÁGINAS 72 E 73:** Ozzy Osbourne, turnê do *Blizzard of Ozz*, no Asbury Park Convention Hall, em Asbury Park, Nova Jersey.

"Eu diria que confiança é o fator mais importante que o Mark levou para o trabalho dele. E por isso é uma parte importantíssima nas nossas vidas há tantos anos. Nunca deixamos de confiar no Mark – não apenas no trabalho dele, mas no indivíduo. Porque, quando estamos na estrada, as pessoas no ônibus com a gente são a nossa família. Nas minhas memórias com o Dio, o Ozzy e o Quiet Riot, eles eram a minha família. E o Mark Weiss se tornou minha família."
—**Rudy Sarzo (baixista do Ozzy Osbourne, do Quiet Riot e do Dio)**

AO LADO: Randy Rhoads, turnê do *Blizzard of Ozz*, no Capitol Theatre.
ACIMA: Banda do Ozzy Osbourne, no Capitol Theatre. **PÁGINAS 76 E 77:** Ozzy Osbourne, foto para a revista *Circus*, no Hotel Plaza, em Nova York.

A NOVA ONDA DO HEAVY METAL BRITÂNICO CHEGA AOS ESTADOS UNIDOS

Fotografei o Judas Priest no Convention Hall, em Asbury Park, em julho daquele ano. Quem abriu o show foi uma banda jovem da Nova Onda do Heavy Metal Britânico chamada Iron Maiden. Eu não tinha ideia de quem eram, mas a *Circus* me falou para fotografar as duas bandas. O Maiden era demais e, depois do show, fui ao *backstage* ver se conseguia fazer uma sessão rápida com os caras. Rod Smallwood, empresário deles, sugeriu irmos ao hotel fazer as fotos lá. Era um lugar bem sujeira, mas peguei o carro, fui lá com o meu *backdrop* e subi ao quarto da banda. Arredamos toda a mobília para o lado e fizemos a sessão de fotos ali mesmo. O Rod até colocou a máscara do Eddie – no início da carreira da banda, era ele quem interpretava o mascote do Maiden.

No segundo semestre, o Ozzy tocou no Convention Hall e, assim como no show do Priest, quem abriu foi uma jovem banda da Nova Onda do Heavy Metal Britânico: o Def Leppard. Eu não tinha ideia de quem eram, mas, de novo, a *Circus* me mandou fotografar as duas bandas. Na noite do show, levei o Ozzy para o terraço da casa de shows e o fotografei com a capa e a roupa que ele usava no palco. Depois vi os caras do Def Leppard circulando pelo *backstage*. Falei que eu tinha sido contratado pela *Circus* para fotografar o Ozzy e perguntei se eles fariam uma sessão rápida.

Tudo isso aconteceu no intervalo de um ano. No final de 1981, fiz a minha primeira viagem para a Costa Oeste. O rock ficaria ainda mais pesado.

PARTE SUPERIOR DA PÁGINA AO LADO: Rod Smallwood, empresário do Iron Maiden, vestido de Eddie, o mascote da banda. Turnê mundial do *Killers*, no Asbury Park Convention Hall, em Asbury Park, Nova Jersey. **PARTE INFERIOR DA PÁGINA AO LADO:** Iron Maiden. **ACIMA:** Def Leppard, turnê do *High 'n' Dry*, no Asbury Park Convention Hall. **PÁGINAS 80 E 81:** Van Halen, turnê do *Fair Warning*.

"O Mark Weiss era um dos poucos escolhidos a entrar nas trincheiras do Van Halen. Ele era dos nossos e vivia o estilo de vida do rock star na estrada. O Mark foi um dos pouquíssimos caras que realmente fizeram amizade com a banda e curtiam com a gente." —Michael Anthony (baixista do Van Halen)

NESTAS PÁGINAS E NAS PÁGINAS 84 E 85: Várias imagens do Van Halen ao vivo, na turnê do *Fair Warning*.

GIRLS ON FILM

Eu estava fazendo trabalhos constantes para a *Cheri*, e a editora que a publicava comprou a revista masculina *Oui*, que pertencia à *Playboy*. Ao mesmo tempo, a Rusty Hamilton, que trabalhava como editora musical da *Oui*, cedeu o cargo dela ao meu grande amigo e "parceiro no crime" Mikael Kirke. E quem mais poderia se juntar a ele nessa jornada além deste que vos fala?

No final de 1981, Mikael sugeriu a Peter Wolf, o novo editor-chefe da revista *Oui*, que fôssemos à Califórnia entrevistar e fotografar Andy Gibb, um dos apresentadores do *Solid Gold* na época. A única condição era que entregássemos algumas fotos para justificar os custos. Fotografamos o Andy na festa de final de temporada em um estúdio de Hollywood, depois fomos a Phoenix fotografar o audacioso Robbie, filho de Evel Knievel, que estava seguindo os passos do pai.

O Mikael e eu curtimos muito em Los Angeles. A caminho do infame Rainbow, na Sunset Strip, passamos em um clube de *striptease* para ver Kitten Natividad, famosa dançarina exótica conhecida pelo trabalho com o diretor Russ Meyer. Ele mostrou a credencial da *Oui* e conseguiu assentos na primeira fila para assistirmos ao show. Mais tarde, nos apresentamos a Kitten e contamos que estávamos ficando na Raven De La Croix, que também tinha participado de filmes do Russ Meyer e era muito amiga do Peter. Estávamos fazendo amizades coloridas.

Quando entregamos as fotos da nossa viagem para o Peter, ele ficou furioso e perguntou: "Por que essas garotas estão de roupa?". Ele disse que, se quiséssemos continuar trabalhando na *Oui*, a coluna de música tinha que ter nudez. Aceitamos o desafio. Em dezembro de 1981, fotografamos nosso primeiro rock star do jeito que o Peter queria.

AO LADO: Phil "Philthy Animal" Taylor, do Motörhead, fotografado para a revista *Oui*, em Nova York. **ACIMA:** Cheryl Rixon, para a *Oui*, na cidade de Nova York.

"A sessão de fotos foi em Daytona, Flórida, num Holiday Inn. Decidimos que faríamos aquilo na estrada e que contaríamos histórias da estrada nas matérias da coluna. O Mark era um grande fotógrafo, ele sabia fazer uma boa imagem, sabia falar com as pessoas – qual era a pose, qual o fundo, qual o cenário. É uma forma de arte, saca? O conceito era deixar o quarto com aparência de destruído, tipo as quebradeiras que a gente fazia nos hotéis. E foi o que fizemos. Já no que diz respeito às garotas, eu estava fazendo *workshops* de bateria em várias cidades na época. Numa parada em Jacksonville, Flórida, organizamos um concurso. Envolvemos rádios da região para encontrarmos modelos. Depois, providenciamos um corpo de jurados para definir as vencedoras, que apareceriam na revista comigo." —**Carmine Appice (baterista)**

Fizemos fotos com ninguém menos que Ozzy Osbourne em uma igreja de L.A. onde frequentemente filmavam filmes de terror. Era o local perfeito para fotografá-lo. Fomos à agência de modelos de Jim South, em Sherman Oaks, procurar garotas para a sessão. O Jim South era uma figura. Ele nos passou livros cheios de mulheres nuas – algumas pareciam estrelas pornô, outras a vizinha de qualquer pessoa. Mostramos aquelas que estávamos pensando em fotografar e ele chamou as garotas. Éramos como dois meninos numa loja de doces. Depois disso, sempre que íamos à Califórnia fotografar para a *Oui* ou a *Cheri*, a nossa primeira parada era no Jim South – mesmo quando não íamos a trabalho. Vivíamos dando uma espiada lá.

Enquanto as modelos se preparavam, fiz retratos do Ozzy. As coisas estavam indo muito bem... até as garotas chegarem. O Ozzy olhou pra mim, havia medo no rosto dele. Parecia que estava tremendo. Perguntei qual era o problema, e ele respondeu: "Você ficaria nervoso também se a sua noiva estivesse olhando!". Foi assim que descobri que o Ozzy e a Sharon estavam noivos.

Exatamente como Mikael e eu queríamos, a sessão de fotos com o Ozzy foi aquilo de que precisávamos para atrair outros roqueiros à *Oui*. Naquele momento, em 1982, a cena do rock estava prestes a explodir e se transformar na década da decadência.

Em seguida, fotografamos o Carmine Appice, ex-baterista do Vanilla Fudge e que já tinha tocado com o Cactus e o Rod Stewart.

Eu me encontrei com o Carmine no ano seguinte, quando ele estava tocando bateria com o Ozzy na turnê do *Bark at the Moon*. Ele me contou que tinha perdido o patrocínio da Ludwig por causa das nossas fotos.

Em seguida, foi a vez do Joe Perry na minha casa em Marlboro, Nova Jersey. O Joe estava tentando angariar mais atenção fora do Aerosmith, então eu o fiz posar com a moto de um amigo meu e um Mustang 1967 – e também com a minha namorada, a Denise.

Depois foi a vez do Motörhead. Eles tinham a reputação de ser uma banda obscena, então o Mikael e eu pensamos que topariam fazer um tema sadomasô. O local era bem rudimentar – uma casa geminada em reforma em Upper West Side, Manhattan. Tivemos que passar por janelas quebradas para entrar, e ligamos minhas luzes a um gerador porque não havia eletricidade no edifício.

ACIMA, À ESQUERDA: Ozzy Osbourne, *Oui*, Los Angeles, 1981. **ACIMA, À DIREITA:** Phil "Philthy Animal" Taylor e Ian "Lemmy" Kilmister, do Motörhead, para a revista *Oui*. **PÁGINA AO LADO:** Carmine Appice, para a *Oui*, em Daytona Beach, Flórida.

TAKE ME TO THE TOP

Queríamos bandas dispostas a tudo. Em L.A., conhecemos Bryn Bridenthal, a chefe do departamento de publicidade da Elektra Records. A gravadora tinha uma banda nova no *cast* e achava que os caras topariam a parada. Era o Mötley Crüe. A gente se encontrou no Rainbow e, para um cara da Costa Leste, o Rainbow era uma loucura. Todos os caras pareciam ser de alguma banda. E as mulheres... bom, parecia que todas elas queriam ficar *com* a banda.

Em agosto daquele ano, a Elektra lançou *Too Fast for Love*, o primeiro disco do Mötley, e fomos a L.A. fazer uma sessão de fotos e uma entrevista para a *Oui*. Foram as primeiras imagens da banda a ganhar atenção nacional.

Depois das fotografias, fomos a um restaurante mexicano e ao Rainbow com as modelos. Ficamos na infame mesa no canto do fundo onde rolava ação debaixo da mesa. Uma noite inesquecível.

AO LADO: Nikki Sixx **ACIMA:** Mötley Crüe, *Oui*, Los Angeles.

"Traga as motos, traga as garotas, traga o sangue, traga tudo! Para mim, era o seguinte: 'Até que ponto a gente consegue forçar a barra?'. Havia sinergia entre o artista e o fotógrafo, porque o Mark parecia um de nós. Naquela época – na verdade, até hoje –, tínhamos um problema com 'não artistas'. Se um cara conservador aparecia, um fotógrafo profissional com seus assistentes e a tralha toda, parecia que estávamos fazendo fotos para uma caixa de sabonete. E a gente não tinha nada a ver com caixa de sabonete – somos uns animais enjaulados do caralho! Mas, com o Mark, a gente pensava: 'Esse aí é dos nossos'. Só sei que depois fomos a um restaurante mexicano e ficamos muito bêbados – a banda, as modelos, o Mark, a galera toda – e botaram a gente pra fora do lugar." —Nikki Sixx (baixista do Mötley Crüe)

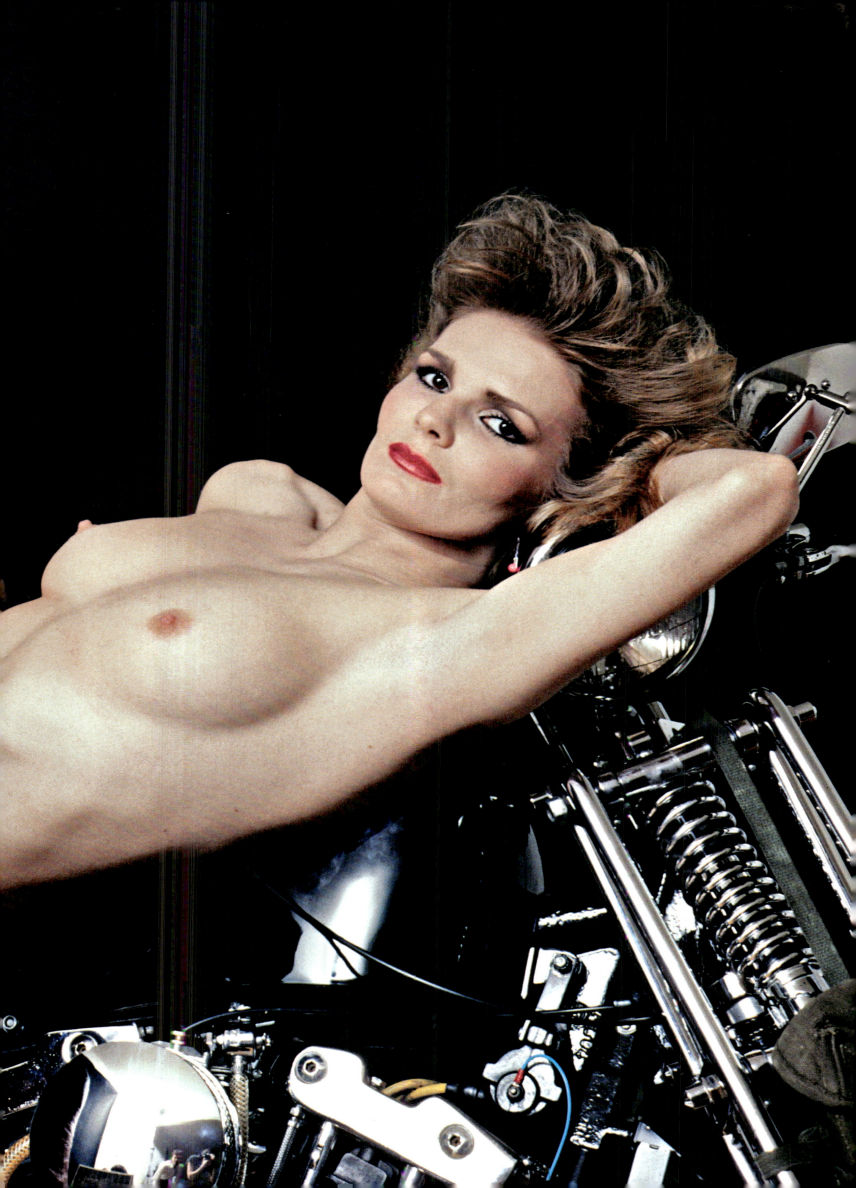

"Um dos motivos pelos quais saí do Aerosmith foi a sensação de que a banda tinha virado uma máquina da qual tínhamos perdido o controle. Aí eu pensei: 'Só quero entrar em uma van e tocar rock 'n' roll. Toco em qualquer lugar, abro para qualquer banda, faço o que pintar'. Não queria todo o rebuliço que acompanhava estar em uma banda grande. Então montei o Project, e o Mark foi um dos caras que me acompanhou nessa época. Ele chegava, tirava fotos e nunca falava: 'Ah, quero um monte de grana'. Simplesmente fotografava. Ele sabia da minha origem e apoiava o que eu estava fazendo." —**Joe Perry (guitarrista do Aerosmith)**

PÁGINAS 94 E 95: Joe Perry, para a *Oui*. **AO LADO:** Joe Perry na casa do Mark, em Marlboro, Nova Jersey. **ACIMA:** Joe Perry, no *backstage*, na turnê do Joe Perry Project

ACIMA: UFO, turnê do *Mechanix*, no Madison Square Garden.
AC LADO: Bruce Dickinson, do Iron Maiden. O Iron Maiden abriu para o Judas Priest na turnê Beast on the Road. Brendan Byrne Arena, em East Rutherford, Nova Jersey.

A CAREQUINHA DO OZZY

No segundo semestre daquele ano, a *Circus* me pediu para fazer a capa da edição de aniversário de 13 anos. Perguntaram se eu tinha ideias, e na mesma hora pensei no Ozzy. Liguei para a Sharon e logo depois eu já estava em um voo para Los Angeles. No início daquele ano, o Ozzy tinha mordido a cabeça de um morcego vivo no palco e acabou no hospital para tomar vacina contra raiva. Então, mandei fazer uma bandeira com o desenho de um morcego e o coloquei segurando-a dentro de um bolo. Quando cheguei à casa do Ozzy, a doméstica me falou para arrumar tudo na garagem.

Depois que deixei tudo pronto, fiquei esperando. E esperando muito. Foram horas. Aí a Sharon apareceu com uma expressão preocupada no rosto. "O Ozzy raspou a cabeça ontem à noite." Devo ter ficado com cara de quem viu um fantasma. Pensei comigo: "Pra mim chega". A *Circus* ia ficar puta comigo por ter gastado aquela grana toda com a produção e voltar sem a foto pra capa. Mas aí a Sharon deu aquele sorrisinho dela e falou: "Mas ele vai fazer as fotos". Pensamos juntos e bolamos uma ideia. A Sharon pegou maquiagem preta e começou a passar no Ozzy. Depois colei na cabeça dele dois balões pretos que eu tinha para o cenário de aniversário. Acho que superamos a capa em que ele estava de tutu. Nesse momento, eu soube que teríamos uma vida de peripécias juntos.

AO LADO: Ozzy Osbourne, fotografado para a capa da edição de aniversário de 13 anos da *Circus*. **ACIMA:** No carro do Don Arden, pai da Sharon, na casa do Arden, na Beverly Grove Drive, Los Angeles.

"Fiz aquilo [*raspar a cabeça*] porque não queria voltar para a estrada. Eu só queria não fazer turnê durante um tempo." —**Ozzy Osbourne**

UM NOVO PATAMAR

O público de *hard rock* estava crescendo. Dava para sentir que em pouquíssimo tempo a música dominaria os anos 1980. No final de 1982, até o Kiss começou a sentir uma mudança no ar. Quando Gerry Rothberg foi entrevistar Gene Simmons e Paul Stanley para a *Circus* sobre o possível desmascaramento da banda, ele me chamou para acompanhá-lo ao escritório do empresário da banda, o Bill Aucoin, e fazer umas fotos. Os caras ainda não estavam totalmente prontos para mostrar o rosto ao mundo, mas, um ano depois, o *Lick It Up* seria lançado e eles apareceriam sem maquiagem. Era uma nova era.

O Clash iniciou a turnê do *Combat Rock* com três shows no Convention Hall, em Asbury. Depois da terceira data, eles fizeram uma festa no Asbury Park Palace, um parque de diversões com um carrossel, uma sala dos espelhos e a barracas de jogos. Eles a batizaram de "Boardwalk Bash". Os caras andaram de carro bate-bate e se divertiram.

O pessoal do Van Halen gostou das fotos publicadas em revistas que eu tinha feito dos caras nas duas últimas turnês, então decidiram me contratar para alguns shows da turnê de divulgação do *Diver Down*, chamada Hide Your Sheep. Foi a última vez em que fotografei os quatro integrantes da banda juntos, e era difícil conseguir colocá-los num lugar ao mesmo tempo. Eu os fotografei logo antes de entrarem no palco e tive apenas alguns minutos antes de ficarem todos impacientes e dispersos. Era um parto conseguir que aqueles caras ficassem parados juntos. Parecia que todos tinham os próprios compromissos. Mais cedo, naquele dia, fotografei o David em frente ao hotel, ao ar livre. Eu tinha combinado com o empresário do Van Halen que faria as fotos "a critério deles". O segurança do David me chamou e falou para eu pegar a câmera porque: "O David quer que você tire fotos dele soltando pipa". Como a maioria das oportunidades que tive naquele ano, não hesitei em tirar a foto. Estava começando a me sentir um rock star também. Eu ficava perambulando de avião entre Nova York e Los Angeles, me levavam de carro para todos os lugares, ficava hospedado em mansões de Hollywood – eu achava que não tinha como melhorar. Estava errado. Melhorou.

NO TOPO DESTA PÁGINA: The Clash, turnê do *Combat Rock*, Asbury Park Palace, Nova Jersey. **PARTE INFERIOR DIREITA DESTA PÁGINA:** Gene Simmons e Paul Stanley, do Kiss, sendo entrevistados por Gerry Rothberg, da revista *Circus*. **AO LADO:** David Lee Roth soltando pipa durante a turnê Hide Your Sheep, do Van Halen.

"É óbvio que [o Mark] adora música, o que definitivamente é um componente do que ele faz. Mas isso não substitui o talento. Apenas deixa as fotos dele muito mais espirituosas." —**Paul Stanley** (vocalista e guitarrista do Kiss)

AO LADO: Eddie Van Halen. **ACIMA:** David Lee Roth, turnê Hide Your Sheep, 1982. **PÁGINAS 106 E 107:** David Lee Roth, turnê Hide Your Sheep, 1982. **PÁGINA 108:** Van Halen, turnê Hide Your Sheep, 1982. **PÁGINA 109:** David Lee Roth, turnê Hide Your Sheep, 1982. **PÁGINA 110:** Ronnie James Dio e Tony Iommi, do Black Sabbath, turnê do Mob Rules, 1982. **PÁGINA 111:** Rob Halford, do Judas Priest, turnê World Vengeance, para divulgação do disco Screaming for Vengeance, Meadowlands, East Rutherford, Nova Jersey, 1982.

"O Mark sempre foi muito discreto. Ele nunca se intrometia, por assim dizer — era muito tranquilo. Ele não forçava a barra de jeito nenhum. Isso é que era muito legal nele. Ele chegava, fazia o trabalho e ia embora. É um cara fantástico, sempre foi um grande amigo e sempre tem ideias maravilhosas. Vida eterna a ele."
—**TONY IOMMI** (guitarrista do Black Sabbath)

ROSTOS EM NOVA YORK

Mudei-me para a cidade de Nova York em fevereiro. Foi a realização de um sonho – eu tinha um estúdio em Manhattan, a apenas um quarteirão do Madison Square Garden. Era um pequeno loft, de menos de dez metros quadrados, com pé-direito alto e da largura de um rolo de papel para fundo fotográfico de pouco menos de três metros. Mas eu sentia que estava finalmente vivendo por conta própria. Na mudança, trombei com o Jean Beauvoir, do Plasmatics, que morava no prédio e me perguntou se eu podia fotografar uma banda nova em que ele tinha entrado com o baterista Dino Dinelli, do Rascals, e que se chamava Little Steven and the Disciples of Soul. Essa acabou sendo a primeira banda que fotografei no meu estúdio. Logo depois fiz Lita Ford, Dio e Kiss (já com o guitarrista novo, Vinnie Vincent). Depois que me instalei, uma das primeiras pessoas com quem falei foi Carol Kaye, da Leber-Krebs, empresa que agenciava o Aerosmith na época. Perguntei se o Steven não estaria interessado em fazer uma sessão de fotos. Ele topou e foi ao meu estúdio. Adorei a atitude rock 'n' roll estampada no rosto quando arregaçou a manga para mostrar a tattoo. Aquilo me deu a ideia de fazer uma série de fotos de tatuagens rock 'n' roll.

O Paul Rodgers também foi um dos primeiros a fotografar no meu estúdio. Depois de mais de uma década com o Free e o Bad Company, ele lançou o primeiro disco solo, *Cut Loose*, em 1983. Fiquei empolgado quando a Atlantic Records me contratou para fazer as fotos promocionais. Uma das minhas imagens virou capa da *Cashbox*, revista especializada em música, e também foi usada no pôster promocional que ficava pendurado nas lojas de disco. Eu a via todo dia quando passava em frente à Sam Goody, na rua do meu estúdio.

Ofereceram ao Mikael Kirke a oportunidade de abrir uma publicação de rock chamada *Faces*, então a gente começou a fazer fotos e entrevistas no meu estúdio. O primeiro número da *Faces* tinha Ronnie James Dio, Ozzy Osbourne e a Lita Ford seminua. O Mikael também agilizou um esquema para que eu fotografasse VJs da MTV e criou uma

PÁGINA AO LADO: Angus Young, do AC/DC, na turnê do *Flick of the Switch*, Hollywood Sportatorium, Hollywood, Flórida. **NO TOPO DESTA PÁGINA:** Ronnie James Dio, fotografado no estúdio do Mark, na cidade de Nova York. **AO LADO, NESTA PÁGINA:** Dino Danelli, Little Steven Van Zandt e Jean Beauvoir, do Little Steven and the Disciples of Soul, no estúdio do Mark, em Nova York.

NESTA PÁGINA: Angus Young, no Hollywood Sportatorium. **PÁGINA AO LADO:** Brian Johnson, do AC/DC. **PÁGINAS 118 E 119:** Lita Ford, fotografada no estúdio do Mark.

coluna mensal com artistas no *set*. Pouco depois, a agente publicitária da MTV, Doreen Lauer, me contratou para fotografar os convidados que iam ao estúdio. Nesse momento, além de trabalhar com as revistas, virei o fotógrafo oficial da MTV.

O lançamento do primeiro número da *Faces* não podia ter acontecido em melhor hora. As revistas de rock 'n' roll estavam começando a deixar de lado a cobertura de new wave e rock *mainstream*. Eu estava ficando cansado de fazer só imagens de bandas com fundo fotográfico de papel. E as bandas também achavam aquilo um mero trabalho rotineiro – elas sabiam que precisavam daquilo para promover a música, mas nem elas nem eu estavam se divertindo. Eu queria que a minha fotografia fosse mais criativa. A notícia de que a *Faces* era a nova revista que se concentraria apenas em rock e metal tinha se espalhado.

O AC/DC estava novamente tocando em arenas na turnê do *Flick of the Switch*, e eles me deram 15 minutos antes de um show no Sportatorium, em Hollywood, na Flórida, para fazer uma foto que seria a capa da *Faces*. Organizei um *backdrop* e a iluminação no *backstage*. O Angus, guitarrista da banda, chegou. Ele não falou muita coisa além de "E aí, o que cê quer?". O que eu queria era a clássica SG e, enquanto esperávamos a guitarra chegar, os meus 15 minutos se passavam. Por fim, ele disse que, se quiséssemos fotografar com a guitarra, teríamos que ir à sala de ensaio. Então a gente foi. No caminho, vi uma placa de PROIBIDO FUMAR no *hall*. Eu a peguei, colei no *case* dele, e o Angus começou a fazer caretas para a câmera.

"Ele só falava com a gente 'Vire o rosto para este lado, para aquele lado. Faça isso. Faça aquilo'. Ele nos guiava e nos dirigia. O Mark consegue fazer as menores coisas parecerem muito criativas." —**Lita Ford**

PÁGINA AO LADO: Stever Tyler, do Aerosmith.
ACIMA: Kiss no estúdio do Mark, na cidade de Nova York.

LOVE IN AN ELEVATOR

Conhecer o ex-empresário do Kiss, Bill Aucoin, que tinha passado a trabalhar com o Billy Idol, acabou se tornando algo monumental na minha vida. A agente publicitária do Billy Idol, Ellen Zoe Golden, me pediu para levar meu portfólio ao Olympic Tower, em Midtown Manhattan, para negociarmos uma sessão de fotos. Foi uma reunião rápida. O Bill e eu tínhamos nos conhecido no ano anterior, quando fotografei o Gene Simmons e o Paul Stanley durante a entrevista que eles deram ao Gerry Rothberg para a *Circus*. O Bill não era mais empresário do Kiss e toda a atenção dele estava concentrada no cliente novo.

Saí do escritório do Bill com um sorrisão no rosto. Caminhei pelo corredor e apertei o botão do elevador. Quando as portas abriram, vi uma mulher atraente, que ficou de olho em mim. Por fim, ela acabou me perguntando: "De qual banda você é?". Respondi: "Por que acha que sou de alguma banda?". Talvez fossem o cabelo comprido e a calça de couro. Descendo os trinta e quatro andares até o térreo, a gente começou a conversar. Ela se apresentou: "Meu nome é Suzanne. Trabalhei com o Bill nos anos 1970 quando ele empresariava o Kiss". Contei a ela que era fotógrafo e que, quando o Kiss tocou no Garden em 1977, eu tinha sido preso do lado de fora vendendo as minhas fotos. Isso a fez soltar uma risada. Saímos para jantar naquela noite e, um ano depois, me mudei para o apartamento dela. Quatro anos mais tarde, Suzanne e eu nos casamos. Temos dois filhos lindos, Guy e Adele, e um neto, Jax.

O Krokus estava em turnê para divulgar o *Headhunter*, sétimo álbum deles e o primeiro a ganhar disco de ouro nos Estados Unidos. Também faziam sucesso com *singles* como "Eat the Rich". Eu ficava de olho nas paradas de sucesso da *Billboard* e corria atrás de todos os artistas que achava promissores. Em 1983, o Krokus foi um deles. Providenciei uma sessão de fotos quando tocaram na área, no Capitol Theatre. Ao lançarem o álbum seguinte, *The Blitz*, a banda me chamou para fazer as fotos de divulgação. Eu os encontrei no *set* de filmagens do vídeo de "Midnite Maniac" e depois virei o fotógrafo da turnê. Uma sessão de fotos levava a outra, os meus contatos estavam aumentando e as portas, se abrindo.

ACIMA: Krokus, turnê do *Headhunter*, Capitol Theatre. **AO LADO:** Billy Idol mostrando a tatuagem da Octobriana, super-heroína de quadrinhos russa, no estúdio do Mark, em Nova York.

ACIMA: Def Leppard, turnê mundial do *Pyromania*, Nassau Coliseum.
AO LADO: Joe Elliott, do Def Leppard.

UNMASKED

Recebi uma ligação do George Dassinger, que tinha começado a trabalhar com o ZZ Top por intermédio da Rogers & Cowan. Ele me contratou para fotografar o ZZ Top no Madison Square Garden. Certa noite, fui cedo para dar uma conferida na banda de abertura do ZZ Top no Garden – se iam abrir para a banda principal da noite, deviam estar em ascensão. O vocalista me pareceu familiar. O nome da banda era Bon Jovi, e ela tinha ganhado um concurso da rádio WAPP para abrir o show. Cheguei ao *pit* bem a tempo de tirar algumas fotos quando eles já estavam terminando a apresentação. Mais tarde, me dei conta de que tinha fotografado o Jon Bon Jovi na antiga banda dele, o Rest, alguns anos antes. Na época dos shows com o ZZ Top, o Bon Jovi não tinha nem lançado o primeiro disco. Dois anos depois, eu seria contratado para fazer as fotos promocionais do segundo disco da banda, *7800º Fahrenheit*.

Eu tinha fotografado o Kiss sem maquiagem, mas eles continuavam escondendo o rosto com as mãos, ainda não totalmente prontos para se desmascararem. O Kiss me contratou para fazer uma sessão de fotos no SIR, na West com a 52nd Street, onde estavam ensaiando para lançar o primeiro disco sem máscara e mostrar o rosto durante a turnê. Aquelas fotos foram umas das primeiras que fizeram mostrando o rosto. No dia 18 de outubro, apareceram na MTV e revelaram o novo visual. Duas semanas depois, foram ao meu estúdio na 31st Street, a apenas a duas quadras de onde eu havia sido preso por vender fotos do Kiss.

Na sua autobiografia, *Kiss and Make-Up*, Gene revela como Paul, o outro integrante remanescente da primeira formação da banda, o convenceu de que era hora de fazer uma grande mudança quando estavam gravando *Lick It Up*, o décimo primeiro disco de estúdio da banda.

"'Vamos provar algo para os fãs', disse Paul. 'Vamos virar uma banda de verdade, sem máscara.' Concordei relutante. Eu não sabia se aquilo ia funcionar, mas escutei a sugestão do Paul, não tínhamos outro caminho a seguir. Fizemos uma sessão de fotos só para ver como ficaria. Olhamos diretamente para as lentes da câmera. Estávamos sendo provocadores. Fiz uma pequena concessão aos fãs: botei a língua para fora, uma tentativa de manter algo que nos conectasse com o passado."

AO LADO: Jon Bon Jovi abrindo para o ZZ Top, no Madison Square Garden. **ACIMA:** Kiss, fotografado no SIR, em Nova York. **PÁGINAS 128 E 129:** Ritchie Blackmore, do Rainbow, turnê do *Bent Out of Shape*, no Spectrum.

"Com o Mark, a parada é verdadeira. Ele ama o que faz. O Mark pode não tocar guitarra, mas aquela câmera é a guitarra dele. De certa maneira, ele é um rock star."
—Gene Simmons (baixista do Kiss)

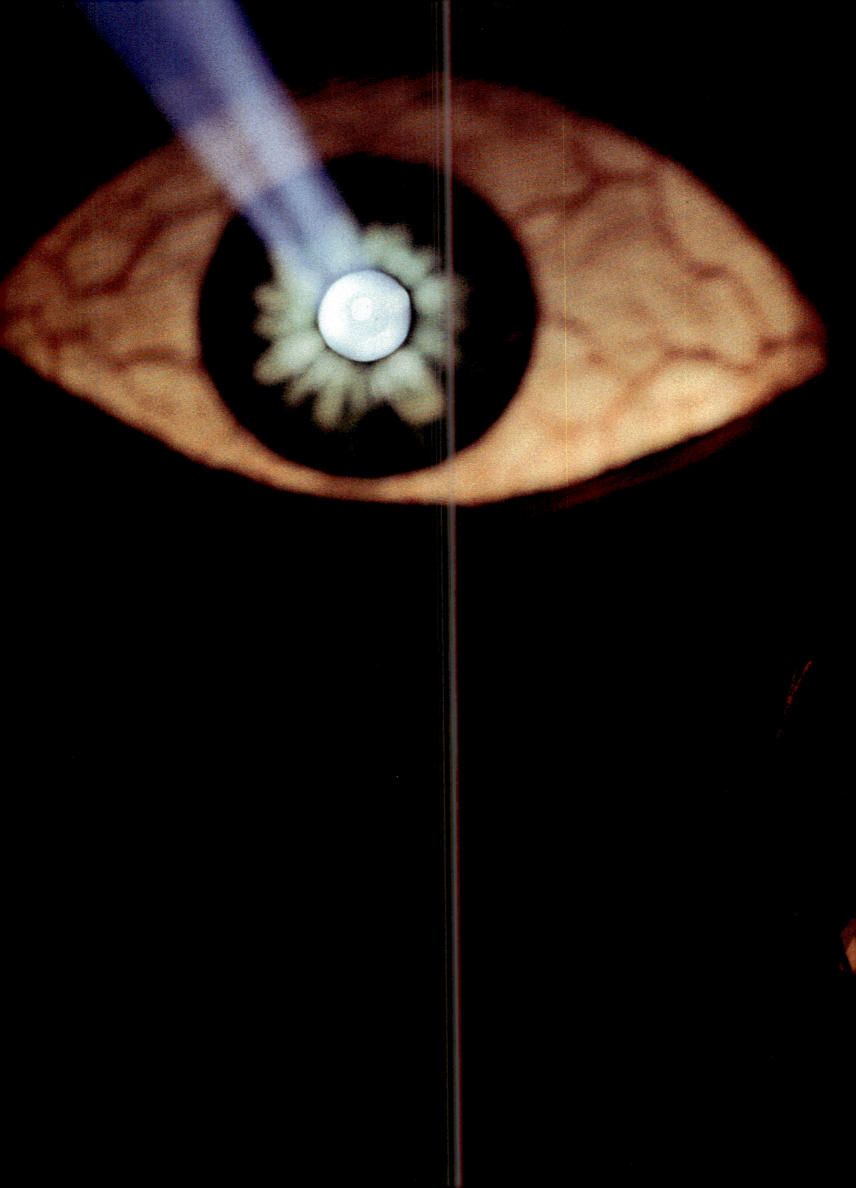

US FESTIVAL

O cofundador da Apple, Steve Wozniak, organizou o primeiro US Festival em San Bernardino, Califórnia, em 1982, com apresentações durante três dias de artistas como Tom Petty, The Police e Talking Heads. O público foi de quase meio milhão de pessoas. No ano seguinte, Wozniak e sua equipe fizeram o segundo US Fest – só que foi um evento de quatro dias, com início no fim de semana do Memorial Day, e o público chegou a quase 700 mil pessoas.

E o festival abriu as portas para os novos sons daquela era, ao apelidar o segundo dia de Dia do Heavy Metal, com apresentações de Quiet Riot, Mötley Crüe, Ozzy, Priest, Triumph, Scorpions e a banda de fechamento da noite, o Van Halen. Eu estaria lá? É lógico que sim! Melhor ainda, eu iria com o Ozzy. A Sharon Osbourne entrou em contato comigo um mês antes do show para fotografar o Ozzy com o figurino novo que ele usaria no US Festival. Ela mandou a roupa ao meu estúdio em uma enorme caixa de madeira e recomentou que eu não a abrisse até eles chegarem. No dia da sessão de fotos, fiquei esperando o Ozzy e a Sharon, mas eles não apareceram. Por fim, Sharon ligou e se desculpou. Os dois não conseguiriam ir à Nova York, e ela precisava que eu enviasse a caixa de volta para a Califórnia. Mas àquela altura eu estava curiosíssimo para dar uma olhada dentro da caixa. Quando a abri, não fiquei desapontado. Tive que dar risada quando vi o figurino escandaloso... e tive que experimentá-lo.

O dia do US Festival foi ótimo. Quando penso nele, me lembro de todo mundo – das bandas, dos fãs, das equipes – sorrindo de orelha a orelha.

Depois de fazer as fotos no *backstage*, fui para o *pit* na frente do palco e me preparei para fotografar a primeira banda: Quiet Riot. Eu queria muito ver o show deles. O *Metal Health* tinha sido lançado havia alguns meses, e a banda estava começando a tocar no rádio.

Uma semana antes, o Mötley Crüe tinha tocado para duzentas pessoas em Hollywood. E no festival estavam diante de um mar de pessoas. Tocaram músicas do disco que estava prestes a ser lançado, o *Shout at the Devil*. Ainda que o Mötley fosse uma banda relativamente desconhecida, o público cantou em uníssono: "Shout! Shout! Shout at the devil!".

O Ozzy entrou no palco para tocar com o figurino completo que a Sharon tinha enviado ao meu estúdio algumas semanas antes. Tenho que admitir: ficava melhor nele do que em mim. A roupa durou um ou dois minutos apenas. Ele a rasgou durante a música de abertura, "Over the Mountain".

"Foi um momento inesquecível. Eu estava atrás da bateria vendo a minha banda, vendo a multidão. Nós o chamávamos de Dust Festival (Festival da Poeira) em vez de US Festival, porque era muita gente reunida lá no meio do deserto. Não dava para enxergar onde o público terminava. Foi insano."
—Tommy Lee (baterista do Mötley Crüe)

ACIMA: Fãs no US Festival, em San Bernardino, Califórnia.
AO LADO: Tommy Lee, do Mötley Crüe.

"Eu me lembro de estar ao lado do palco nos preparando para entrar. Encarei os caras e todos nos entreolhamos, juntamos os punhos fechados e não dissemos uma palavra. Porque sabíamos. Sabíamos que faríamos o que sabíamos, mas não tínhamos ideia do que aconteceria. Eu não sabia que entraríamos no palco, tocaríamos músicas que ninguém tinha escutado diante de 350 mil pessoas e que todo mundo gritaria 'Shout! Shout!' com a gente. Não sabíamos o que diabos aconteceria. Piramos com aquilo.' —**Nikki Sixx**

NESTAS PÁGINAS: Mötley Crüe ao vivo no US Festival: Nikki Sixx (*página ao lado*); Vince Neil e Mick Mars (*acima*).

NESTAS PÁGINAS: Várias fotos de apresentações ao vivo no US Festival: K. K. Downing e Glenn Tipton, do Judas Priest (*alto*); Eddie Van Halen (*canto inferior esquerdo*); Rudolf Schenker e Klaus Meine, do Scorpions (*canto inferior direito*); Kevin DuBrow e Rudy Sarzo, do Quiet Riot (*págino ao lado*).

"Começamos a tocar diante de 300 mil fãs de rock totalmente insanos. Eles estavam pirando mesmo. O pôr do sol foi um momento maravilhoso. Tivemos a ideia de contratar cinco jatos para sobrevoarem o palco e a multidão. De repente, bem no momento em que estávamos entrando e começando a tocar, cinco jatos passaram voando. Foi o maior efeito especial que você pode imaginar, saca?" —**Klaus Meine (vocalista do Scorpions)**

ACIMA E AO LADO: Ozzy Osbourne ao vivo no US Festival.

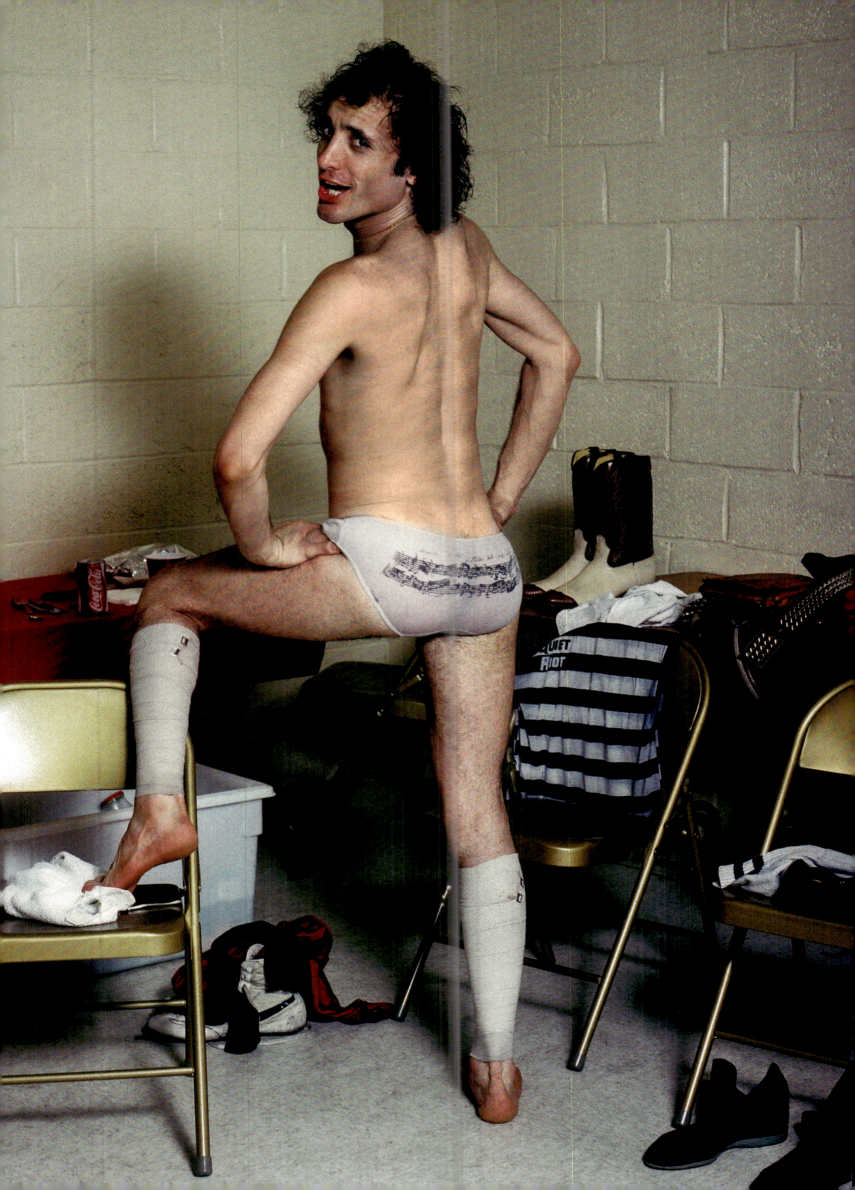

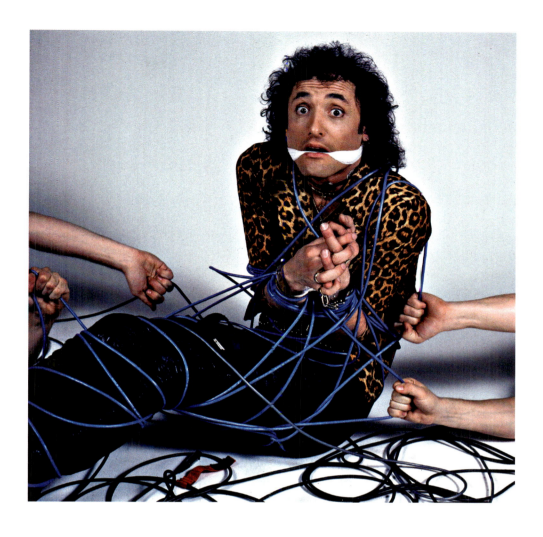

A BOCA QUE RUGIA

Quando aparecia uma banda nova de que gostava, eu mesmo providenciava uma sessão de fotos com ela. Era um jeito de fazer novos amigos e me divertir na estrada. O Quiet Riot não foi exceção. Fiz a foto para a capa do *single* "Bang Your Head (Metal Health)" no *backstage* do Madison Square Garden, no dia 8 de outubro, quando a banda estava na cidade abrindo para o Iron Maiden. Eles tinham lançado o *Metal Health* em março. Após o sucesso de "Cum on Feel the Noize" e "Bang Your Head", o *Metal Health* tirou o *Synchronicity*, do Police, do topo da lista de mais vendidos da *Billboard*, tornando-se o primeiro disco de *heavy metal* a chegar ao primeiro lugar. Foi um momento de mudança radical para o *metal* nos anos 1980.

Fiquei muito amigo dos caras da banda. Depois do sucesso do *Metal Health*, o vocalista Kevin DuBrow comprou uma casa em Beverly Hills e me deixava ficar lá quando eu estava na cidade. Ele tinha um grande senso de humor. E uma boca bem grande também. Não tinha vergonha de expressar os sentimentos. Ele tinha muitas opiniões, principalmente sobre outras bandas que também estavam começando a fazer sucesso. Toda vez que ia a L.A. e me perguntavam onde ficaria, eu respondia: "Na casa do DuBrow". As pessoas olhavam para mim como se estivesse doido. Sempre questionavam a nossa amizade. Mas o Kevin era um cara único. Eu invejava o atrevimento dele. Numa matéria de capa da *Faces* intitulada "The Big Mouth" (O Bocudo), Kevin disse: "Já me chamaram de hostil e provocador, mas prefiro o termo rebelde. Tenho minha opinião sobre outras bandas e digo o que sinto. Se as pessoas não querem saber o que sinto, por que perguntam? Elas perguntam se me incomoda ver um monte de imitações nossas espalhadas por Los Angeles. Eu costumava ficar muito irritado, porque elas assinavam com gravadoras, enquanto estávamos ralando a bunda na estrada. Agora não estou nem aí, porque o destino delas é o público quem decide. Há cinco anos, as pessoas ficavam me falando que o Quiet Riot nunca faria sucesso – é, tem um guitarrista maneiro, mas o vocalista não consegue cantar. E vou te falar uma coisa: em muitas ocasiões, eu acreditei neles!".

AO LADO: Kevin DuBrow, do Quiet Riot. Turnê do *Metal Health*, no Madison Square Garden. **ACIMA:** Kevin DuBrow, Los Angeles, 1984. **PÁGINAS 140 E 141:** Quiet Riot no Madison Square Garden.

"Aquela sessão de fotos no Madison Square Garden será sempre especial para mim. O Mark fez imagens muito icônicas de uma banda muito icônica, do começo ao fim da nossa carreira. Ele estava sempre nas trincheiras com a gente, figurativa e literalmente falando – ele ficava lá embaixo no *pit*, tirando fotos. O Mark era uma parte do Quiet Riot e sempre será." —**Frankie Banali (baterista do Quiet Riot)**

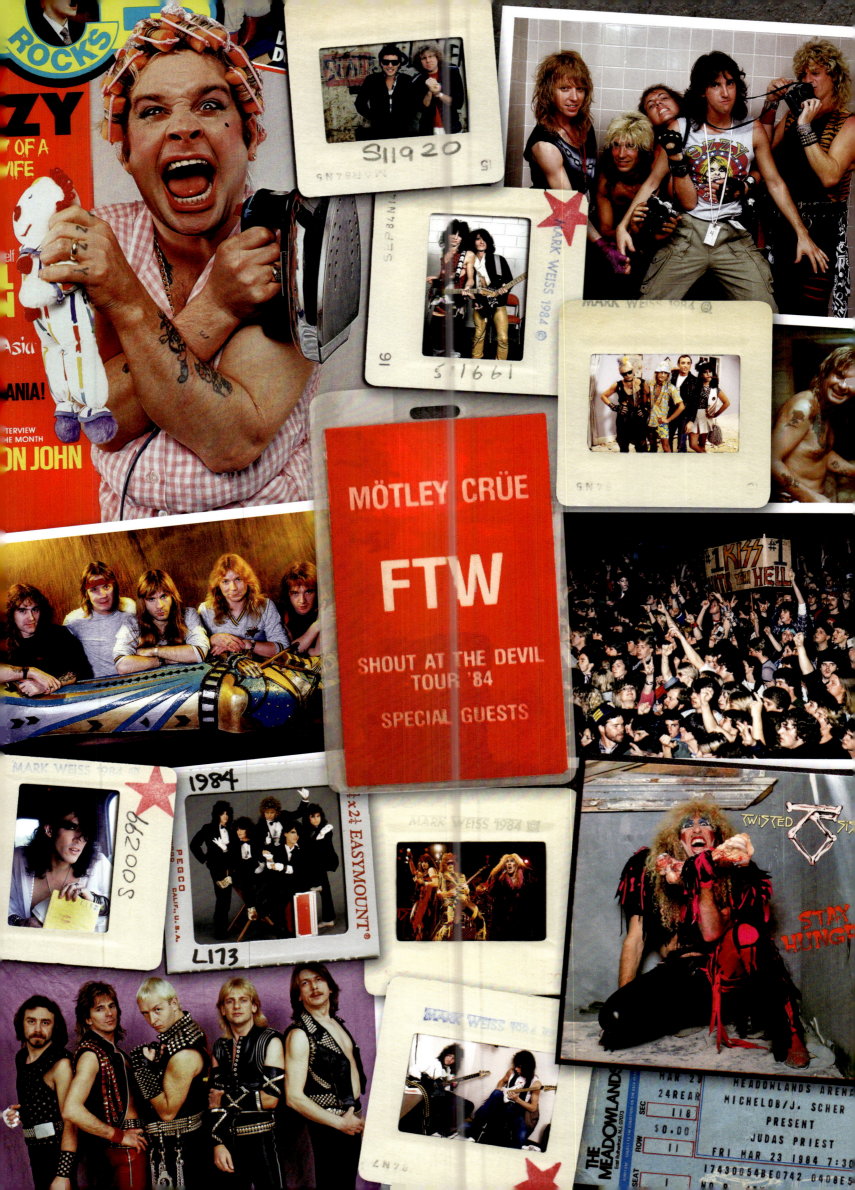

IT'S A MADHOUSE

Los Angeles se transformou na incubadora para qualquer um que queria assinar contrato, e a Sunset Strip era o lugar para quem estivesse em uma banda – ou até para quem *parecia* fazer parte de uma banda. Um novo estilo de vida rock 'n' roll tomava forma com o Quiet Riot, o Mötley Crüe e o Ratt começando a vender discos e a lotar shows ao redor do mundo. As gravadoras tinham saído às compras para encontrar a nova grande banda. Bryn Bridenthal, com quem eu havia desenvolvido um bom relacionamento por meio da sessão de fotos com o Mötley Crüe que fiz para a *Oui,* tinha virado vice-presidente da Elektra Records e me contratou para fotografar o Dokken em agosto daquele ano, um ano antes de lançarem o segundo disco, *Tooth and Nail*. O pessoal me avisou que provavelmente não seria muito fácil trabalhar com os caras, mas eles viraram meus chegados desde o início. Don Dokken me deixava ficar na casa dele em Manhattan Beach quando estava em turnê. Ele tinha uma piscina aquecida no quintal e rolava um entra e sai interminável de mulheres. Não era um lugar ruim para se ficar.

Em 1984, eu tinha um fluxo constante de trabalho na MTV. Fotografei o Spinal Tap no *set* durante uma entrevista encenada. Enquanto esperávamos David St. Hubbins, Derek Smalls e Nigel Tufnel chegarem, os monitores transmitiam clipes do *Isto é Spinal Tap* – o único problema foi que ninguém avisou a gente que era uma banda fictícia. Achei que fosse uma banda obscura da Inglaterra, grande na época dela, mas que não havia estourado nos EUA. Quando chegaram, tratei logo de me apresentar e fiz algumas fotos pelo estúdio. Eles estavam totalmente entregues aos personagens. Falei para o Nigel (Christopher Guest) que eu podia colocá-los na revista *Circus*. No estilo totalmente Tufnel, ele falou: "A gente não está no circo". Eu não acreditei que o David St. Hubbins era o cara que interpretava o Lenny, de *Laverne & Shirley*. Eles me sacanearam direitinho.

AO LADO: Nikki Sixx e Mick Mars, do Mötley Crüe. **ACIMA:** W.A.S.P.

"Eu me lembro da gente sentado em uns cases de equipamento na nossa primeira turnê. O Mark foi um dos primeiros fotógrafos que vi usar iluminação por trás do artista. Nunca me deparei com uma foto ruim que ele fez de mim."
—**Chris Holmes (guitarrista do W.A.S.P.)**

145

"Quando a MTV começou, de repente o estilo se sobressaiu à substância e todo mundo ficou assim: 'Nossa, cara, vocês estão com um visual comportado demais. Deviam fazer o que tais caras estão fazendo'. Fomos pressionados. Nós entrávamos no palco vestidos como devíamos, mas não usávamos roupas como as de outras bandas que apareceram e meio que detonaram todo mundo quando a MTV surgiu." —**Dave Meniketti (vocalista do Y&T)**

PÁGINA AO LADO (ACIMA): Y&T, turnê do In *Rock We Trust*. **PÁGINA AO LADO (ABAIXO):** Queensrÿche, turnê do disco *The Warning*. **NESTA PÁGINA (ACIMA):** Dokken. **NESTA PÁGINA (ABAIXO):** Ratt, turnê do *Out of the Cellar*.

"Houve um momento antes da sobriedade, antes do casamento, antes da família, antes de as coisas mudarem, em que estávamos na nossa bolha adolescente, inocente e decadente, quando o único objetivo do dia era confusão. A gente subia no palco, destruía, saía dele e continuava a destruir. O Mark tinha acesso total ao Mötley Crüe nessa época." —**Nikki Sixx**

ACIMA: Mötley Crüe, turnê do *Shout at the Devil*.
AC LADO: Dokken, turnê do *Tooth and Nail*.

AO LADO: Ian "Lemmy" Kilmister, do Motörhead. Turnê do disco *No Remorse*.
ACIMA, À ESQUERDA: Kilmister (Motörhead) e Wendy O. Williams, no *backstage* do Beacon Theatre, na cidade de Nova York. **ACIMA, À DIREITA:** Wendy O. Williams no palco. **PARTE INFERIOR DESTA PÁGINA:** Motörhead.
PÁGINAS 152 E 153: Mötley Crüe, na turnê do *Shout at the Devil*.

AO LADO: Bruce Dickinson, do Iron Maiden. Turnê World Slavery, em Ottawa, Ontário (Canadá). **ACIMA:** Steve Harris, do Iron Maiden. **PÁGINAS 156 E 157:** Aerosmith ao vivo, turnê Back in the Saddle.

155

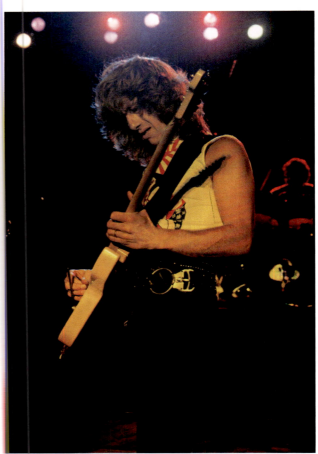

DIÁRIO DE UMA DONA DE CASA INSANA

Eu tinha acabado de me mudar com a Suzanne para o Upper East Side, em Nova York. Achava o meu estúdio um pouco pequeno, então passei a dividir um imóvel na West 20th Street com um fotógrafo comercial. Era seis vezes maior do que o meu estúdio anterior. O Ozzy seria o primeiro a fazer uma sessão de fotos comigo lá. Ele tinha acabado de lançar *Bark at the Moon*, e a Sharon queria que eu fizesse uma sessão de fotos que o colocasse nas revistas. Entrei em contato com a *Faces*. Eles toparam pôr o Ozzy na capa, mas teria que ser algo diferente. Mikael e eu tivemos a ideia de dar uma zoada no último disco do Ozzy, *Diary of a Madman*. Como ele sairia na edição de maio, a gente pensou: "Dia das Mães – vamos vestir o Ozzy de mãe *insana*".

Expliquei a ideia à Sharon, que riu e disse: "É claro, vamos fazer isso". Ela e o Ozzy foram me encontrar e levaram um monte de figurinos. Começaríamos fotografando o Ozzy com roupas legais que ele usava no palco e depois faríamos imagens dele travestido. Quando eu estava preparando as coisas, o Ozzy me perguntou: "O que é aquilo, Mark?". Olhei o lugar para que ele estava apontando e vi um fantasia de coelho da Páscoa e uma estrutura branca florida. Era o material de uma sessão de fotos que o fotógrafo com quem eu dividia o estúdio tinha feito. Dei um sorrisinho malicioso para a Sharon e respondi ao Ozzy: "Como assim 'O que é aquilo?'. É a sua fantasia – vamos fazer umas fotos de Páscoa para a capa da revista. Se apronta aí pra gente começar!". A Sharon riu e falou: "Divirtam-se, rapazes! Vou fazer umas comprinhas". Foi a primeira vez que vi o Ozzy gritar: "*Sharrrrron!*". Ela retornou algumas horas depois com a Aimee, que ainda era uma bebê, e um vestido para o Ozzy usar na sessão de fotos.

Mostrei a capa de maio para o Ozzy, que rachou de rir. Ele adorou. Isso aconteceu durante a segunda etapa da turnê do *Bark at the Moon* com o Mötley Crüe. Acho que estávamos em algum lugar do sul dos Estados Unidos. Minha memória sobre isso é um borrão, para ser sincero, mas me lembro da sessão de fotos! Mikael Kirke e eu fomos ao ônibus dar um oi para os caras do Crüe. Quando estávamos lá, o Tommy Lee jogou algo no baú em que guardavam os "troféus" da noite anterior. Uma lâmpada acendeu na minha cabeça. Mikael e eu nos entreolhamos e pegamos algumas lingeries no baú de troféus e foi assim que outra foto clássica nasceu. Quando estávamos fotografando, o Tommy e o vocalista Vince Neil apareceram lá para ver o que tínhamos feito com a coleção deles. Os dois entraram na curtição. Depois, o Ozzy foi para o palco, rasgou as roupas e arrancou a peruca.

A próxima pessoa a visitar o meu estúdio foi nada mais nada menos do que David Lee Roth. O Van Halen tinha lançado o disco *1984*, e o agente publicitário me ligou perguntando se eu estava disponível para fotografar o cara. As coisas estavam indo muito bem. O Diamond Dave tinha pedido para fazer uma sessão de fotos no meu estúdio em Nova York. Pouco tempo depois, peguei um voo para Detroit, onde fotografaria a banda com os vencedores do concurso *Lost Weekend with Van Halen*, da MTV. Enquanto toda aquela doideira acontecia ao nosso redor, dei uma passada no *backstage* para fazer umas fotos com o Eddie e capturei um momento afetuoso entre ele e a esposa, Valerie Bertinelli.

NESTAS PÁGINAS E NAS PÁGINAS 160-163: Ozzy Osbourne, sessão de fotos para a revista *Faces*.

159

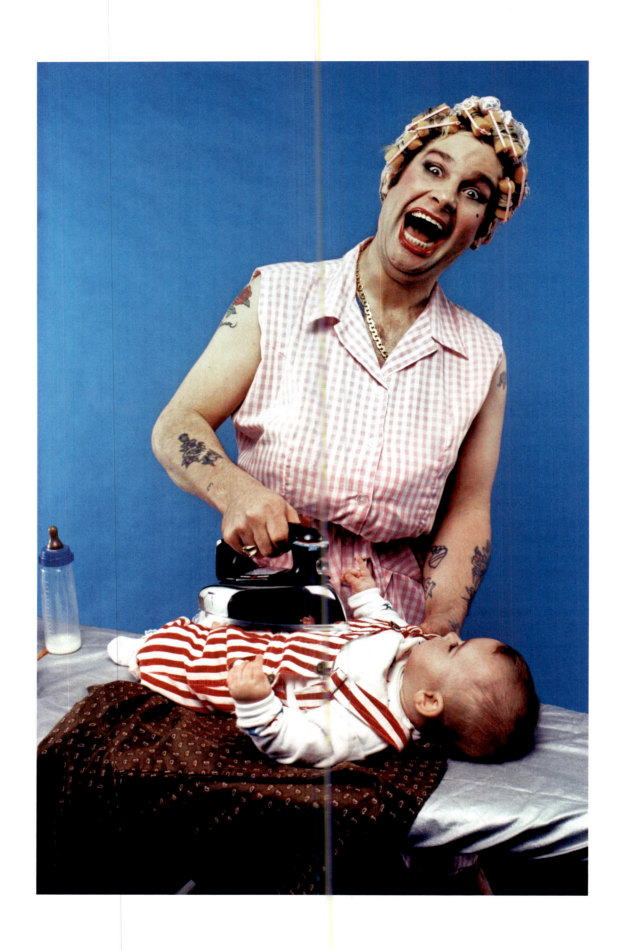

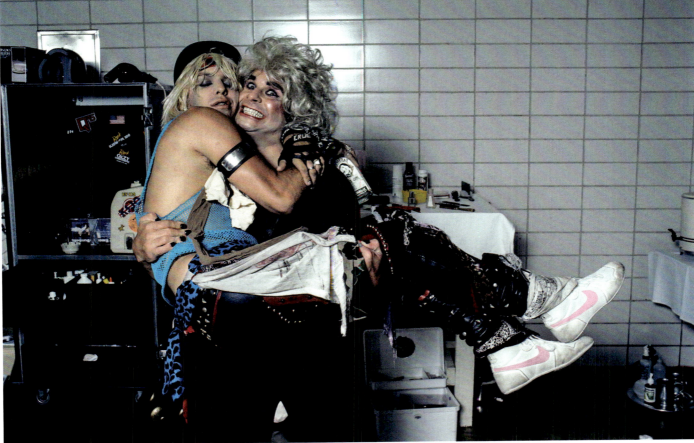

PÁGINA AO LADO: Ozzy Osbourne. **PARTE SUPERIOR DESTA PÁGINA:** Ozzy Osbourne e o baterista Tommy Aldridge, na turnê do *Bark at the Moon*. **PARTE INFERIOR DESTA PÁGINA:** Ozzy Osbourne e Vince Neil, do Mötley Crüe. **PÁGINAS 166 E 167:** David Lee Roth, fotografado no estúdio do Mark, em Nova York.

"O Mark sempre carregava uma espécie de, sei lá, bolsa de criança cheia de roupinhas. Ninguém sabia o que o cara tiraria dali. Ele era um jovem que adorava música, amava o que fazia e era muito entusiasmado. O Ozzy aceitava aquelas coisas porque era um cara divertido. Ainda que aquilo fosse uma completa contradição em relação à *persona* dele."
—**Sharon Osbourne (empresária e esposa do Ozzy Osbourne)**

ACIMA E AO LADO: Eddie Van Halen e Valerie Bertinelli (*acima*), no *backstage* do programa *Lost Weekend*, da MTV, durante a turnê do disco *1984*. Cobo Hall, Detroit.

ENCURRALANDO O DEE SNIDER

Em 1984, eu tinha consolidado o meu nome no mundo publicitário. As infames fotos da *Oui* me proporcionaram alguma notoriedade – eu era o cara que fotografava garotas seminuas com bandas de rock. Além disso, eu tinha fotos publicadas em quase todas as edições da *Circus*, da *Hit Parader* e da *Faces*.

Comecei a pensar no que seria ter uma foto na capa de um disco. Eu adorava ver as minhas fotos nas revistas, mas, depois de um mês, a edição não estava mais nas bancas. Adorava os meus discos dos anos 1970 e sempre visualizava a possibilidade de usar uma foto minha na capa de um disco.

Em fevereiro, recebi uma ligação que seria um divisor de águas para mim. Quem me ligou foi o promotor de turnês Mark Puma, que tinha passado a empresariar o Twisted Sister. Ele perguntou se eu estava disponível para conversar com um dos caras da banda sobre um conceito que tinham para uma sessão de fotos. "Eles têm visto as suas fotos em revistas", explicou Puma, "e querem que faça as imagens para o disco novo deles, *Stay Hungry*." A gravadora queria que fizessem as fotos com o pessoal dela, mas eles insistiram que precisavam de um fotógrafo de rock tarimbado para fazer a capa do disco. Passei no teste e comecei a conversar com o Mark Mendoza, baixista do Twisted Sister, sobre o conceito que ele tinha em mente.

No dia da sessão de fotos, arrumei tudo e começamos a trabalhar. Mas, depois de uma sessão de 22 horas, eu continuava achando que não tínhamos feito "a foto". Dois caras da banda não estavam levando a sério.

Eu não achava que tínhamos feito a imagem mágica, então, quando todo mundo estava juntando as coisas para ir embora, pedi ao Dee para ficar e fotografar mais um rolo de filme. Queria muito que o Dee ficasse mais animado – eu sentia que ele estava meio frustrado durante a sessão e que não tinha me dado aquilo que queria dar com os caras presentes. Tive a impressão de que ele não queria se sobressair aos caras. Assim que todo mundo foi embora, falei para ele se imaginar um animal enjaulado e esfomeado devorando o osso que eu tinha levado para o *set*.

O Dee ficou olhando o osso em cima da mesa em que ninguém queria encostar, porque ele era nojento demais. Aí ele falou: "Ah, que se foda, vou meter a mão nessa merda". Ele agarrou aquele pedaço viscoso de carne podre e começou a fazer poses. Fizemos 36 fotos, depois o Dee tirou o figurino e foi embora.

No final das contas, conseguimos a imagem. Fiquei sabendo anos depois que a foto do Dee sozinho na capa quase causou o término da banda. Foi o início da época em que o Dee começou a se tornar o rosto do *metal* e do Twisted Sister. A banda começou a se sentir à sombra dele.

"Estávamos vendo as fotos, e aquela imagem surgiu – a última foto que tirei agachado no canto encurralado como um animal. Eu estava com isto em mente: era um rato preso, encurralado, pronto para brigar pelo que havia sobrado naquele pedaço de osso. Aquilo diz Stay Hungry [*Fique com Fome*]. Aquilo representa o Twisted Sister. Aquela é a imagem. E, bum! Ela virou a capa, e aquilo foi o que faltava para tornar a banda mais anônima do que nunca e me transformar no ponto central, o *front man*, o rosto, a imagem e tudo o mais." —**Dee Snider (vocalista do Twisted Sister)**

"A gente não discutiu a respeito de ela [a foto] ser a capa. E não termos discutido gerou muito ressentimento. Isso gerou muitos problemas na banda. Mas o Mark tirou uma das fotos mais icônicas da história do rock dos anos 1980. Ela está cauterizada no cérebro de todo o moleque que cresceu nessa década."
—Jay Jay French (guitarrista do Twisted Sister)

PÁGINAS 170 E 171, ACIMA E PÁGINA AO LADO: Twisted Sister, sessão de fotos para a capa do disco *Stay Hungry*, no estúdio do Mark, em Nova York.
PÁGINAS 174 E 175: Dee Snider, sessão de fotos para a capa do disco *Stay Hungry*, no estúdio do Mark, em Nova York.

DRAW THE LINE

Fiquei empolgado com o retorno do Aerosmith. Quando Joe Perry e Brad Whitford voltaram para a banda, no segundo semestre de 1984, para a turnê Back in the Saddle, tentei marcar uma sessão de fotos, mas o máximo que consegui foi uma credencial para fotografar algumas músicas durante o show, sem acesso ao *backstage*. Tim Collins era o empresário da banda nessa época, eu o tinha conhecido na sessão de fotos para a *Oui*, em 1982, quando ele empresariava o Joe Perry Project. Mas ele não atendia mais aos meus pedidos. O Tim estava tentando fazer os caras se livrarem dos vícios, e descobri que o maior objetivo dele era afastar todas as pessoas que tinham feito parte da vida deles na época das drogas. Um ano depois, eles não estavam mais fazendo turnê como banda principal. O Aerosmith ia abrir para o Scorpions. Em setembro, eles fizeram um show no Arizona, e o Scorpions me contratou para fotografar.

Achei que era a oportunidade ideal para falar com o Steven e descobrir por que estava sendo excluído. Procurei o Tim na passagem de som e perguntei se podia fotografar o show do Aerosmith e tirar umas fotos da banda no *backstage*. Ele me falou que ia ter que pensar. Minutos antes do show, eu ainda não tinha nenhuma resposta dele.

Parecia que ele estava me evitando. Encontrei o Steven no *backstage* e dei um abraço nele. Ele me perguntou por onde eu tinha andado nos últimos anos. Quando ia responder, o Tim apareceu. Perguntei a ele na frente do Steven se podia fotografar o show. Ele respondeu: "Claro". Perguntei se me daria uma credencial. Ele respondeu que não tinha, mas que eu não precisava me preocupar com isso. Insisti, e o Steven tirou a credencial dele e a pendurou no meu pescoço. O Tim fez cara de que não gostou daquilo. Eu estava começando a entender que o Tim tinha sido o obstáculo ao meu acesso no ano anterior.

O Steven chamou os outros caras para fazermos umas fotos rápidas. Aquela seria a minha última sessão com o Aerosmith em mais de uma década. Depois de fotografar durante as primeiras músicas do show, um segurança me botou para fora. Fiquei furioso. Confrontei o Tim, que me falou que eu não devia ter pedido para fotografar o show na frente do Steven e que aquela seria a última vez que eu trabalharia com a banda. E disse também que eu "tinha virado recordação". Fui banido da equipe que trabalhava com o Aerosmith até o Tim ser demitido, em 1996.

AO LADO: Steven Tyler, na turnê do *Done with Mirrors*. Compton Terrace, Chandler, Arizona. **ACIMA:** Scorpions, turnê do *Love at First Sting*, em 1984. **PÁGINAS 180 E 181:** Steven Tyler.

SONHO CALIFORNIANO

O David Lee Roth lançou o primeiro álbum solo, *Crazy from the Heat*, e, no clássico estilo Dave, saiu à caça de garotas bonitas para estrelar os vídeos. Ele marcou um *casting* no Palace, em Hollywood, e as mulheres fizeram fila até a North Vine Street.

Caí na estrada com o Cinderella quando eles estavam abrindo para o David Lee Roth. Eu era fotógrafo da banda, mas também esquematizei para registrar o David. Ele gostou de me ver, e disse para eu falar com o Eddie, guarda-costas dele, e me convidou para a festa da banda depois do show. O Eddie me deu duas credenciais para que eu as oferecesse a garotas da plateia. Ele escreveu as minhas iniciais nas duas e falou que, se uma das mulheres acabasse ficando com o Dave, eu ganharia uma coisinha. Não precisei ir muito longe para achar gatas – elas sempre conseguiam chegar à primeira fila, bem ao lado no *pit* dos fotógrafos. O Dave apontava para uma garota lá do palco enquanto eu fotografava e gesticulava para que eu entregasse a credencial a ela.

Meses depois, a revista *International Musician and Recording World* me mandou à casa do Tom Petty, em Valley, para fotografar o músico no estúdio dele. Eles queriam fotos do Tom com as guitarras e a mesa de gravação dele. Montei um *background* e iluminação na garagem dele para a foto que seria a capa da revista, mas depois percebi que a loja em que eu havia alugado o equipamento não tinha levado as sombrinhas para refletir a luz. Vi umas peles de bateria no canto do estúdio. Expliquei a enrascada em que eu estava e perguntei se podia pegar uma para dispersar a luz. Ele emprestou na maior boa vontade. A *Creem* acabou usando uma foto dessa sessão na capa da edição de outubro de 1985.

Depois das fotos com o Tom Petty, decidi dar uma passada no Rainbow, e trombei com Stephen Pearcy e Tawny Kitaen, a modelo na capa do disco *Out of the Cellar*, do Ratt. O Vince Neil também estava lá. Na última vez em que o tinha visto, ele cumpria pena por ter batido o carro sob efeito de substâncias, acidente que resultou na morte do amigo dele, Razzle, do Hanoi Rocks. Eu tinha ido visitá-lo na cadeia, e ele falou que queria me levar para pescar quando saísse.

AO LADO: Jon Bon Jovi, na turnê do *7800° Fahrenheit*. **ACIMA:** David Lee Roth, teste para escolher garotas que participariam do filme *Crazy From the Heat*. **PÁGINAS 184 E 185:** Warren DeMartini, Bobby Blotzer e Stephen Pearcy, do Ratt, durante a turnê do *Invasion of Your Privacy*.

183

TODOS A BORDO DO TREM MALUCO DO OZZY

O Vince e eu acabamos indo pescar! Rachamos de rir quando fisguei um peixe menor do que a isca. O Vince pegou a minha câmera e tirou uma foto de mim com a grande presa. Larguei o peixe e o Vince continuou a tirar fotos. Algum tempo depois, naquele mesmo ano, o retrato que ele tirou de mim foi usado pela revista *Metal Edge* em uma matéria chamada "Grandes Fotógrafos do Rock" e, nos créditos, lia-se: "FOTO DE VINCE NEIL". Quando contei isso a ele, o Neil deu uma gargalhada e falou que queria receber pela foto. É claro, ele recebeu um cheque de US$ 25 da *Metal Edge*.

Depois da pescaria, voltei e fiz uma sessão de fotos com o Vince na casa dele. Acho que, depois de ter ficado preso, ele queria mostrar ao mundo que estava bem. Fizemos algumas fotos na casa dele e na praia, depois eu o acompanhei à aula de artes marciais. O Vince também me convidou para ir ao estúdio Record Plant West, em Hollywood, para tirar umas fotos, enquanto o Mötley Crüe finalizava a gravação do *Theatre of Pain*, com o produtor Tom Werman. O Nikki e eu também conversamos sobre uma futura sessão de fotos com temática "gangster". A partir desse dia, me tornei o cara que eles procuravam quando precisavam de fotos – me transformei no fotógrafo do Mötley Crüe.

Quando estava em L.A., entrei em contato com a Sharon para ver o que o Ozzy andava aprontando e perguntei se ele não se interessaria por uma sessão de fotos. Ela falou: "É claro, mas vamos fazer alguma coisa diferente". Eu disse que tinha acabado de ficar uma semana fotografando o Vince. Ela respondeu: "Vamos chamar o Vince para tomar um chazinho!". Depois que terminei de fotografar o Nikki e o Vince no Record Plant, perguntei ao Vince se ele queria fazer uma sessão de fotos com o Ozzy. As palavras exatas dele foram: "É claro, porra!". Falei: "Leve um smoking e não faça perguntas". Quando ele entrou no quarto de hotel do Ozzy, eu já estava com a iluminação do meu estúdio montada ao redor de uma mesa posta para dois. O Vince viu o que estava rolando e deu uma risada. Enquanto esperávamos o Ozzy vestir o smoking, sentamos e ficamos assistindo à MTV. Começou a passar o vídeo de "California Girls", do David Lee Roth. O Vince viu aquilo e comentou: "Sou o próximo!". O Mötley encontrava-se em ascensão, e eles estavam prestes a começar uma turnê como *headliners* tocando em grandes arenas. Parecia que tinha chegado a hora de o Van Halen abrir espaço para o Mötley Crüe.

Por fim, o Ozzy apareceu e a gente começou a trabalhar. O chazinho acabou sendo um negócio meio frustrante – os dois deram uns sorrisinhos marotos, mas foi só isso. Cinco minutos depois, os dois me deram uma olhada e perguntaram: "E agora?". Pedi ao Ozzy para ficar debaixo da mesa. Ele me olhou e soltou: "Vai se foder!". Mas falei para ele confiar em mim. E foi aí que começou a diversão. Pouco depois, eles estavam fazendo palhaçada para todo o lado como duas crianças.

Havia mesmo uma mudança no ar em 1985. A nova onda de bandas *glam* estava começando a assinar com as gravadoras. De um lado, os caras do Poison, emperiquitados da cabeça aos pés, estavam panfletando pela Sunset Strip, enquanto o Mötley Crüe se preparava para revelar o visual novo, levando o *glam* com força de volta ao *mainstream*.

PÁGINA AO LADO E ACIMA: Vince Neil e Ozzy Osbourne, em Los Angeles.

"O Mark Weiss é um fotógrafo do Hall da Fama. Ele tirou fotos icônicas de mim e da banda e também de mim com outras pessoas, como aquela com o Ozzy. O melhor!" —**Vince Neil** (vocalista do Mötley Crüe)

187

PARTE SUPERIOR DESTA PÁGINA: Nikki Sixx, Vince Neil e o produtor Tom Werman, na gravação do *Theatre of Pain*, no estúdio Record Plant, em Los Angeles. **PARTE INFERIOR DESTA PÁGINA:** Nikki Sixx durante a gravação do *Theatre of Pain*. **AO LADO:** Vince Neil, em Los Angeles. **PÁGINAS 190 E 191:** (*canto superior esquerdo*) Mötley Crüe no palco, turnê do *Theatre of Pain*; (*canto inferior esquerdo*) Tommy Lee tocando de cabeça para baixo; (*lado direito*) Mötley Crüe fazendo pose para uma foto com temática do filme *O Poderoso Chefão*: "O Nikki teve a ideia de fazermos uma sessão de fotos com a banda vestida de gangster como no filme *O Poderoso Chefão*. Ela se tornou outra foto Weissguy clássica. Perambulei pelas casas de adereços de Hollywood em busca de metralhadoras Thompson para a sessão de fotos. Depois fui a um lugar que alugava *backdrops* cênicos. Comentei com o Nikki que precisávamos de alguma coisa com que eles pudessem interagir no *set*. Ele me disse que era para deixar com ele, o que acabou sendo uma surpresa. Quando chegamos ao estúdio para organizar o *set*, havia um Rolls-Royce clássico para eu trabalhar. Puta merda, foi perfeito!"—**Mark Weiss**

"O *Theatre of Pain*... com certeza foi o surgimento das nossas raízes *glam*. Foi provavelmente o auge da nossa indulgência. A gente mal terminou o disco. Nessa época, a gente estava acelerando na alta." —**Tommy Lee**

"O olhar artístico, o talento e a perfeição do Mark capturaram a atitude rock 'n' roll colossal que ajudou a lançar a carreira da minha banda, o ultrajante Madam X. Ele capturou o visual, a atmosfera, o som e a energia da banda em uma única foto." —**MAXINE PETRUCCI (guitarrista do Madam X)**

AO LADO: Poison com a designer de moda Jacqui King, em 1986. **PARTE SUPERIOR DESTA PÁGINA:** King Kobra, em Los Angeles. **PARTE INFERIOR DESTA PÁGINA:** Madam X, em Los Angeles. **PÁGINAS 194 E 195:** (*esquerda*) D'Molls, Los Angeles, 1986; (*direita*) Smashed Gladys, estúdio do Mark, em Nova York.

"[O figurinista] Ray [Brown] disse: 'Don, você será o azul, e, Mick, você será o verde. George, você será o vermelho, e, Jeff, você será o roxo'. Por isso a gente tinha aqueles figurinos de cores diferentes – estávamos todos parecendo garçons, na minha opinião, tipo de fraque e roupas de circo. Cadê os leões e os tigres? Eu pensei: 'Ai, meu Deus …'." —**Don Dokken**

AC MA: Dokken, sessão de fotos para o disco *Under Lock and Key*, em Los Angeles. **AO LADO:** Don Dokken.

"Um grande fotógrafo, como um grande produtor de discos, pega a ideia da banda e tenta concretizar a visão dela – ou até melhorá-la. O nosso disco se chamaria *The Pack Is Back* [O Bando Está de Volta], uma expressão antiga do time Green Bay Packers. Éramos como uma gangue na época e vivíamos falando essa frase, então decidimos usá-la. A ideia básica era fazer imagens da gente saindo de forma explosiva de armários de vestiário como uns jogadores-músicos malucos entupidos de esteroides. E o figurino chegou literalmente no dia da sessão de fotos. É uma capa de disco famosa nossa, que as pessoas ou amam ou odeiam. E não é essa a essência da grande arte?" —John Gallagher (vocalista do Raven)

AO LADO E ACIMA: Raven, sessão de fotos para o disco *The Pack Is Back*, estúdio do Mark, em Nova York.

THE BOYS ARE BACK IN TOWN

No primeiro semestre de 1985, me mudei para o meu estúdio novo, em Nova York, na West 33rd Street, bem em frente ao Empire State Building. Eu ficava na cobertura e estava empolgado para estrear o espaço com uma banda de Sayreville, Nova Jersey. A banda era o Bon Jovi. Fechei a sessão de fotos quando estava em Hollywood com o Mötley. O empresário deles, Doc McGhee, me falou que queria que eu fizesse as fotos de uma banda nova com a qual ele estava trabalhando. A gravadora precisava de fotos para o lançamento do disco novo da banda, *7800° Fahrenheit*. Lembro-me de o Jon falar, durante a sessão de fotos, que não acreditava que estavam trabalhando comigo. Ele me contou que era fã do meu trabalho. Respondi: "Um dia desses você vai me falar: 'Tira essa droga de câmera da minha cara!'". Nós dois rimos.

O *7800° Fahrenheit* foi lançado nos EUA no dia 27 de março de 1985. Fizemos as fotos na semana seguinte, antes de a banda partir para o Japão e iniciar uma turnê mundial. As revistas de rock começaram a se aproveitar da beleza do Jon, vendendo-o como a nova cara do *hard rock*.

O Bon Jovi tocou com todo mundo, de Johnny Cash a Tom Petty e Bob Dylan na primeira edição do Farm Aid – organizado por Willie Nelson, John Mellencamp e Neil Young – no dia 22 de setembro, em Champaign, Illinois. Foi um evento excelente, com um *lineup* de *superstars* e uma causa – o lucro iria para os fazendeiros americanos que perigavam perder as fazendas por causa de dívidas hipotecárias – que Jon apoiava. Ele começava a fazer sucesso na época e queria uma foto com os outros astros que estavam lá no dia. Eu era a sombra do Jon e, sempre que via uma oportunidade, fazia uma foto.

A estreia do WrestleMania também ocorreu nessa época, no dia 31 de março de 1985. Depois disso, um monte de roqueiros começou a adotar o visual dos caras da luta-livre. O King Kobra é um exemplo disso. Talvez isso tenha alguma coisa a ver com o reconhecimento das gravadoras de que havia potencial na mescla dos interesses do público jovem. Independentemente do motivo, o rock e o *wrestling* foram uma combinação feita nos céus e ambos os lados se beneficiaram.

AO LADO: Ozzy Osbourne e Jesse "The Body" Ventura, em Los Angeles.
ACIMA: Bon Jovi no terraço do estúdio do Mark, em frente ao Empire State Building.

A SALVAÇÃO DO MUNDO COM O ROCK 'N' ROLL

No dia 13 de julho, o histórico show beneficente Live Aid aconteceu simultaneamente no estádio de Wembley, em Londres, e no estádio John F. Kennedy, na Filadélfia. Eu estava no JFK, em companhia de mais de cem mil fãs. Foi um momento especial ver o Ozzy com o Black Sabbath. Ele não se apresentava com a banda havia quase uma década.

Esse não foi o único evento beneficente a ocorrer naquele ano. Quando Wendy Dio, empresária do Ronnie James Dio, me contou o que ia rolar no estúdio da A&M Records em maio, tive certeza de que eu precisava estar lá. O projeto era o Hear 'n Aid, que reuniu dezenas de lendas e promessas do *metal* para gravar uma música no estilo "We Are The World", chamada "Stars", com o intuito de arrecadar dinheiro para amenizar a fome na Etiópia. Eu quis doar o meu tempo e documentar o momento.

AO LADO: Rob Halford, do Judas Priest, no palco do Live Aid, no estádio JFK.
ACIMA: Black Sabbath no Live Aid.

ACIMA E NA PÁGINA AO LADO: Black Sabbath, no *backstage* do Live Aid.
PÁGINAS 206 E 207: Gravação do Hear 'n Aid, A&M Studios, Los Angeles.
PARTE SUPERIOR DA PÁGINA 208: Geoff Tate, do Queensrÿche.
PARTE INFERIOR DA PÁGINA 208: Don Dokken. **PARTE SUPERIOR DA PÁGINA 209:** Rob Halford. **PARTE INFERIOR DA PÁGINA 209:** Kevin DuBrow.

"O Mark estava lá tirando fotos o tempo todo. Foi um dia extraordinário. Então o momento final, quando todos cantamos juntos, foi a cereja no bolo, por assim dizer. Ou seja, foi um acontecimento memorável e vívido na história do rock 'n' roll. Quando se olha para aquela imagem de todo mundo lá curtindo, saca, aquilo nunca mais vai acontecer." —**Rob Halford (vocalista do Judas Priest)**

BERROS NO SENADO

No dia 19 de setembro de 1985, recebi uma ligação do Dee Snider, me pedindo para ir com ele a Washington, D.C., documentar a audiência do Parents Music Resource Center (PMRC) no senado. Ele iria lá testemunhar em favor dos colegas músicos para defender a liberdade de expressão e a liberdade artística na música. O Dee Snider entrou no senado – uma sala cheia de engravatados – como se fosse dono dela. Vestindo uma camisa sem manga com uma das minhas fotos estampada, ele se pronunciou articulada e apaixonadamente ao defender seu posicionamento. Senti que ele estava falando por mim e pela minha liberdade de escutar a música que eu quisesse.

O Dee manteve um grupo compacto de soldados por perto, e eu era um deles. Quando chegou a hora de fazer as fotos para a capa do disco lançado após o *Stay Hungry*, ele me pediu para fazer a direção artística também. Direção artística era uma empreitada nova para mim, mas encarei o desafio. Para que o álbum *Come Out and Play* se destacasse, ele teria uma capa *pop-up* em alto relevo com o Dee espreitando de dentro de um bueiro. Fizemos as fotos no mês de setembro, dois meses antes do lançamento do disco, no meu estúdio. O meu pai trabalhava no ramo da construção e tinha feito parte de uma rua com uma tampa de bueiro. Aquele negócio todo devia pesar uns quinhentos quilos. E o Dee deu uma alfinetada no PMRC, colocando o próprio rótulo na contracapa: "Este disco contém palavras e frases que requerem senso de humor. Se você não tem, não escute".

A Elektra Records me contratou para fazer a foto da capa do disco novo do Dokken, *Under Lock and Key*. Eles também me pediram para ficar a cargo da direção artística. Olhando em retrospectiva, eu diria que a gente deu uma exagerada. Eles gastaram uma tonelada de grana no figurino, que foi feito sob medida por Ray Brown, e eu tive a ideia besta de fazer uma fechadura no *background* com fumaça saindo dela. Foi um momento Spinal Tap, com certeza.

Começou a correr a notícia de que, se a banda fosse de *heavy metal* e tivesse um conceito, eu era o cara. O Raven, companheiros de gravadora do Twisted Sister, estava lançando um álbum novo, *The Pack Is Back*, e, quando vi o figurino da galera, bolei a ideia de fazer os caras saírem de dentro de armários de vestiário arrebentando as portas. Eu sabia que a molecada do Ensino Médio ia se identificar com a imagem.

AO LADO: Dee Snider, do Twisted Sister, em Washington, D.C.
ACIMA: Manifestantes durante a audiência do PMRC, em Washington, D.C. **PÁGINAS 212 E 213:** Dee Snider, do Twisted Sister, foto para a capa do disco *Come Out and Play*, no estúdio do Mark, em Nova York. **PÁGINAS 214 E 215:** Twisted Sister.

211

"Aquilo é o que o Mark e eu trabalhando juntos produzíamos. A gente fazia as coisas direito. Não participei do passo a passo, mas expliquei ao Mark o que eu queria, e ele recebeu o orçamento para pôr aquilo em prática. E ele foi lá e providenciou tudo. Entrei no lugar e tinha uma merda de um pedaço de rua com a tampa de um bueiro lá, e eu falei: 'Aí! É disso que estou falando, porra!'. E a tampa era muito pesada, tinha centenas de quilos. Lembro que, quando a abriram para que eu espiasse lá de dentro, perguntei: 'Esse negócio é seguro?'. Porque uma tampa de bueiro tinha caído nos dedos de um amigo meu e os esmigalhado. E ele ficou com os dedos esmigalhados para sempre." —**Dee Snider**

SÓ QUERO UMA FOTOGRAFIA SUA

Neste ano, senti que o meu trabalho estava se tornando parte do imaginário visual que definiria o rock e o metal dos anos 1980. Com o sucesso do disco *Metal Health*, do Quiet Riot, em 1983, as gravadoras estavam enfiando muita grana nas bandas, de Bon Jovi, Ratt, Lita Ford e Stryper, a W.A.S.P., Great White, Dokken e Twisted Sister. Até o Kiss estava de volta ao topo – sem a maquiagem nessa época, eles lotavam arenas e tinham voltado a aparecer nas capas das revistas. Cabelões, figurinos apertados, brilhantes e feitos sob medida, músicas melódicas, *power chords*, baladas, um vocalista carismático e uma foto fodona pareciam ser a fórmula para um disco de sucesso. A imagem estava no primeiro-plano e a exposição na MTV e nas revistas de rock era do que as bandas precisavam para vender discos.

Caí na estrada com o Dokken naquele ano. A banda providenciou um beliche extra para mim. O *Under Lock and Key* estava vendendo bem, e eles seguiam o caminho para se tornarem uma banda de arena. Participaram até do programa de tevê *American Bandstand*. Curtimos demais, viajando de cidade em cidade. A gente não saía muito – chegávamos direto no hotel, íamos ao show, depois voltávamos ao ônibus e viajávamos para a apresentação seguinte. Éramos como ciganos. Os caras também contavam comigo para descolar umas gatas para depois do show.

Os vídeos eram geralmente filmados antes do lançamento de um *single*, portanto uma grande oportunidade de fotografar a banda fazendo poses e também de capturar umas imagens espontâneas no *set*. A Sharon entendia o valor da publicidade para o Ozzy, então ela contava comigo para colocá-lo nas revistas. *Sets* de filmagem de vídeo eram perfeitos para isso, porque ele usava tantos figurinos diferentes, que podíamos fornecer uma imagem diferente a cada revista. Para o vídeo de "The Ultimate Sin", o diretor contratou uma modelo parecida com a garota da capa do disco *The Ultimate Sin*. A cena não entrou na edição final do vídeo, mas era uma imagem a mais para o *scrapbook*.

AO LADO: Don Dokken na frente do *tour bus* do Dokken, turnê do *Under Lock and Key*. **ACIMA:** Ozzy Osbourne nas filmagens do vídeo da música "The Ultimate Sin".

"O George [*Lynch*] era famoso por dizer: 'Por que não entra no ônibus e dá um rolê com a gente?'. Entrar no *tour bus* com uma banda famosa é empolgante, e, se a pessoa está se divertindo, ela não se preocupa em como vai chegar em casa."
—**Don Dokken**

WHY CAN'T THIS BE LOVE?

Eu era o cara que as pessoas procuravam quando uma banda passava por troca de integrantes. Foi o caso com duas bandas grandes naquele ano: o Tony Iommi reuniu uma formação nova para o lendário Black Sabbath, e o Van Halen voltou com o Sammy Hagar no lugar do Diamond Dave. Os agentes publicitários precisavam de fotos das formações novas, e eu fui o cara para quem ligaram. Eu também mandei as fotos para as revistas. Aquilo era ótimo para mim também, porque eu ganhava dos dois lados: das revistas e das gravadoras.

Nos anos 1980, havia uma camaradagem entre as bandas. Se uma pudesse ajudar a outra abrindo o show dela, isso não significava nada além de ter mais amigos pra curtir. O Cinderella era o exemplo perfeito disso. O Jon Bon Jovi estava na Filadélfia trabalhando em algumas músicas quando viu Tom Keifer e a banda dele tocando em um clube ali da área. O Jon gostou do que viu e chamou Derek Shulman, o cara do Departamento de Artistas e Repertório da PolyGram, para ver a banda. Pouco depois, o Cinderella assinou contrato.

Em agosto, o David Lee Roth caiu na estrada com *Eat 'Em and Smile*, a primeira turnê completa dele tocando em arenas depois que saiu do Van Halen. A banda nova dele era composta por um grupo extraordinário de músicos: o guitarrista Steve Vai, o baixista Billy Sheehan e o baterista Gregg Bissonette. O Cinderella abriu para a banda em algumas datas da turnê.

PÁGINA AO LADO: Van Halen, turnê do *5150*. **NO ALTO:** Black Sabbath, no Canadá. **ACIMA:** David Lee Roth, na turnê do *Eat 'Em and Smile*.

221

ACIMA E AO LADO: Apresentação do David Lee Roth durante a turnê do *Eat 'Em and Smile*.

"A capa foi fotografada no centro histórico da Filadélfia. Só que a coisa mais interessante de que me lembro foi o Mark ter agendado a sessão de fotos para o dia, sendo que o disco se chamava *Night Songs* [Músicas Noturnas]. Eu ficava falando com ele: 'Isso não vai ficar com o visual certo.' E ele respondia: 'Eu fotografo noite de dia'. Não entendi porra nenhuma daquilo que ele falou. Simplesmente confiei nele, porque meio que gostei do Mark logo de cara. E, é claro, quando recebemos as fotos, parecia mesmo que era de noite. Ou seja, o Mark Weiss é um gênio do caralho."
—**Tom Keifer (vocalista e guitarrista do Cinderella)**

AO LADO: Sessão de fotos para a capa do disco *Night Songs*, na Filacélfia. **PARTE SUPERIOR DESTA PÁGINA:** Tom Keifer, do Cinderella, na turnê do *Night Songs*. **PARTE INFERIOR DESTA PÁGINA:** Tom Keifer e Jon Bon Jovi, na turnê do disco *Slippery When Wet*.

AS MOLHADAS E OS PROCURADOS

Em janeiro daquele ano, o Bon Jovi foi ao Little Mountain Sound Studios, em Vancouver, para começar a trabalhar no disco novo. Me pediram para participar de um *brainstorm* de ideias para a capa do disco. O nome de trabalho que me deram foi *Wanted Dead or Alive* (Procurados Vivos ou Mortos). Eu amava faroestes. A minha ideia foi óbvia: eu faria os rapazes deixarem a barba crescer, colocaria uns trajes de *cowboy* neles e usaria as fotos para fazer um pôster de PROCURADOS. A ideia era mostrar os cinco como a "gangue" do Bon Jovi e colocar o pôster de PROCURADOS pregado na parede do lugar em que eles estariam "escondidos". Durante um período de três semanas, Richie, David, Alec, Tico e Jon foram ao meu estúdio, em Nova York, um de cada vez. Eu dava boas gargalhadas quando via aqueles caras que viviam com a barbinha feita aparecerem lá tirando onda com o visual e a atitude estilo Billy the Kid. Depois de fotografar todos eles, imprimi as fotos individuais dos caras em sépia, as colei em um quadro e trabalhei para que ficasse parecido com um autêntico pôster de PROCURADOS, totalmente desgastado pelo tempo e com as pontas queimadas. Nessa época, eles estavam discutindo a ideia de colocar o Jon na capa do disco, e a banda apareceria apenas em um pôster no cenário. Então passei um dia muito frio no auge do inverno com o Jon, ainda de barba, em Nova Jersey, no que havia restado do *set* de um filme de faroeste filmado alguns anos antes.

Então recebi uma ligação da gravadora. Eles me disseram que colocariam a banda inteira na capa do disco. Eu precisava ir para Vancouver, onde estavam terminando o álbum. Eles dariam prosseguimento ao tema faroeste, e eu devia achar um lugar velho e abandonado para usar como cenário na sessão de fotos. Aquele seria o "esconderijo" deles e penduraríamos o pôster de PROCURADOS no fundo.

AO LADO: Bon Jovi, fotografado para a capa do disco *Wanted Dead or Alive*.
ACIMA: Imagem alternativa da sessão de fotos para a capa do *Wanted Dead or Alive*. Jon e Mark estavam indo de carro para o *set* quando viram a garotinha, que brincava com o pai, se destacando na paisagem. Jon teve a ideia de colocar roupas de cowboy nela e fotografá-la ali mesmo para a imagem servir como opção para a capa do disco. **PÁGINAS 228 E 229:** Bon Jovi, fotos individuais para a capa do *Wanted Dead or Alive*, no estúdio do Mark, em Nova York.

Quando cheguei a Vancouver, me encontrei com os caras no estúdio em que estavam trabalhando com o produtor Bruce Fairbairn. Depois que finalizaram as gravações fomos para o No5 Orange, um clube de *striptease* que mais tarde inspiraria o título novo do disco. A essa altura, o título ainda era *Wanted Dead or Alive*.

Depois de alguns dias em Vancouver, encontrei o lugar ideal para fazer as fotos: um celeiro antigo abandonado no alto de uma montanha, a uma hora de carro por uma comprida e sinuosa estrada. Não havia eletricidade, então aluguei geradores para ligar a iluminação. Estávamos ali escondidos e tivemos que pular janelas quebradas para entrar.

Passamos horas naquele celeiro abandonado. Estava chovendo e começou a esfriar. Algumas pessoas da região viram os flashes e foram lá ver o que estava acontecendo. Comecei a ficar um pouco nervoso, com medo de a polícia aparecer e nos botar para fora do lugar. Coloquei um assistente de vigia. Finalmente, depois de gastar quase trinta rolos de filme, considerei o trabalho encerrado. Recolhemos tudo depressa e dirigimos 80 km de volta ao hotel... mas aí não conseguimos achar os filmes com as fotos que eu tinha feito. Surtei com o assistente quando ele falou que achava que eu tinha pegado a sacola com os filmes. Eram três da manhã, trovejava e relampejava, e mal conseguíamos manter os olhos abertos enquanto voltávamos de carro até o celeiro com lanternas para procurar a sacola preta com os

filmes, como se ela fosse um saco de ouro. Depois de mais ou menos uma hora, eu achei. Crise evitada! Ironicamente, no caminho de volta pela comprida e sinuosa estrada, vi várias placas em que estava escrito SLIPPERY WHEN WET (ESCORREGADIO QUANDO MOLHADO).

No dia seguinte, fomos tomar umas no No5 para comemorar a conclusão da arte da capa. Mal sabíamos que o título *Wanted Dead or Alive* estava prestes a ser engavetado. Mas ainda surgiria outra ideia para a capa antes do Jon escrever *Slippery When Wet* em um saco de lixo – um dia antes de o disco ser despachado.

Alguns meses depois, recebi a notícia de que o título seria alterado. Fiquei um pouco desapontado a princípio, mas quando me contaram qual seriam o título novo – *Slippery When Wet* – e o conceito, eu caí pra dentro. O título era inspirado no No5. As garotas de lá tiravam a roupa dançando sugestivamente sob um chuveiro atrás de um acrílico transparente acima do balcão do bar. A ideia era fazer uma camisa com a frase "Slippery When Wet" escrita na frente com a fonte de placas de rua e colocá-la numa garota voluptuosa, depois acrescentaríamos alguns rasgos provocativos e pronto – a capa de disco clássica.

Os caras voltaram para casa depois de finalizarem o álbum, e precisavam fazer fotos da banda sem o visual de *cowboy*. O Jon morava à beira-mar em Bradley Beach, Nova Jersey, e aquele me pareceu o lugar ideal. Todos os caras foram para lá com seus carros, suas motos e suas garotas. Mesmo assim, precisávamos de mais algumas mulheres, então perguntei quem se voluntariava para arranjar umas gatas de Nova Jersey. O Tico levantou a mão rapidinho e foi à praia do outro lado da rua com o Danny, meu assistente. Eles voltaram exatamente com o que o doutor tinha pedido: uma italiana gostosa chamada Angela. Na mesma hora, tivemos certeza de que aquela seria a garota da capa. Eu a

coloquei bem no meio da foto dos caras lavando os carros, que foi usada no encarte do disco.

Algumas semanas depois, fiz outra sessão de fotos com a Angela no meu estúdio, em Nova York: fundo azul, um vidro, espuma de sabão e gelo para aguçar um pouquinho as coisas. A Angela pôs a camisa com os rasgos provocantes que tinha sido tingida de amarelo. O selo do Bon Jovi adorou, e a campanha publicitária do disco estava pronta para começar. Mandei fazer algumas placas, e a banda e eu fomos a Rumson, outra cidade costeira de Nova Jersey, e fizemos umas fotos. Acabamos chegando a uma rua sem saída ao lado do correio. Era para ser a contracapa do disco. Também fizemos fotos promocionais em um estúdio em Red Bank. Trezentas mil cópias, com a Angela na camisa rasgada colada aos seios GG, já tinham sido lançadas no Japão. Os discos estavam prontos para distribuição nos Estados Unidos.

Mas era 1986, e o PMRC estava com tudo. As lojas de discos falavam para as gravadoras pegarem leve nas capas em relação a conteúdo e imagens explícitas, senão elas não venderiam os produtos. A PolyGram sabia que tinha um disco explosivo nas mãos e não queria arriscar o sucesso dele. Eles também sabiam que a música se sustentava sozinha, então a gente voltou à prancheta para bolar outra capa. A Mercury destruiu centenas de milhares de cópias antes de o disco sair do depósito para ser distribuído nos EUA. O Jon também não gostava de algumas coisas na capa, mas ele tinha encrencado mais com a cor da borda ao redor da foto do que com a foto propriamente dita. Recentemente, ele disse a Howard Stern que achava o seguinte: "Se tivéssemos lançado um disco com a capa rosa-shocking, seria o fim da minha carreira". Por fim, o diretor de arte da gravadora teve uma ideia que todos nós achamos que fosse uma piada. Mas seguimos as instruções e fiz a foto, já que ninguém tinha mais ideia nenhuma. Gastamos US$ 2 mil com uma modelo de mão e U$ 1 mil em uma barra de sabonete com o título entalhado nela. Mas foi dinheiro jogado fora. Não tinha nada de rock 'n' roll na imagem.

Quando o Jon viu a capa do sabonete ele me ligou e avisou que estava indo se encontrar comigo. Perguntei a ele o que íamos fazer, e ele respondeu: "Sei lá, mas é a nossa última chance, senão o pessoal vai adiar o lançamento do disco". O Jon chegou ao meu estúdio, entrou e nem falou oi. "Saco de lixo, borrifador", foi só isso que ele disse. Segui as ordens. Apoiei o saco de lixo preto e o borrifei com uma mistura de óleo e água. E o Jon escreveu as palavras SLIPPERY WHEN WET. Quando estava indo embora, ele falou: "É essa aí. Essa é a capa". Ele nem esperou para ver a polaroide. No dia seguinte, entreguei a foto, e o resto é história. Como o Jon explicou depois no Ultimate Albums, do VH1: "Não venha me falar que capa de disco vermelha vende, e não venha me falar que a minha foto na capa vende. Não quero escutar isso. Toma aqui o seu disco".

CANTO SUPERIOR DIREITO DA PÁGINA AO LADO: Opção considerada para a capa do disco *Slippery When Wet*. **CANTO INFERIOR DA PÁGINA AO LADO:** Jon Bon Jovi no palco. **ACIMA:** Bon Jovi, sessão de fotos para a capa do disco *Slippery When Wet*. Bradley Beach, Nova Jersey.

ACIMA: Bon Jovi, sessão de fotos para a capa do disco *Slippery When Wet*, em Rumson, Nova Jersey. **AO LADO:** Angela, sessão de fotos do disco *Slippery When Wet*, estúdio do Mark, em Nova York.

HIGH IN HIGH SCHOOL

Pouco antes do Dia de Ação de Graças, recebi uma ligação da Maxine Petrucci, guitarrista do Madam X, que fotografei um ano antes. Ela me contou que a banda estava com formação nova e que eu ia pirar com o vocalista. Ela tinha um investidor em Phoenix que cuidaria do hotel, da minha viagem e do pagamento pela sessão de fotos. Pedi para reservarem um voo de volta para Hollywood. Eu tinha alguns trabalhos na Costa Oeste. Quando cheguei a Phoenix, a banda estava no meio do ensaio geral para um show que faria na região. Eles pararam o que estavam fazendo para me cumprimentar, e o Sebastian correu até mim, agarrou a minha mão e me levou ao *backstage*. "Dá uma sacada na minha namorada, a Maria – ela não é gostosa?" Quem diria que vinte anos depois a minha futura esposa seria a madrinha da filha deles, Sebastiana?

Precisávamos de um cenário para as fotos, e pedi à Maxine para me levar à loja de jardinagem que eu tinha visto a caminho da casa de shows. Eles tinham um tecido preto e brilhante que paisagistas usavam debaixo de pedras para conter ervas daninhas e achei que seria perfeito. Comprei um pedaço do tecido, depois usei um pouco de fumaça e gel colorido para mudar a cor do pano de fundo. O tecido virou o pano de fundo para muitas fotos que eu faria no futuro. Eu o usei com o Guns N' Roses uma semana depois, em Hollywood, na nossa primeira sessão, que aconteceu no segundo semestre de 1986. Na época, eles ainda estavam trabalhando no disco de estreia, *Appetite for Destruction*. Mas já havia um burburinho sobre eles. Andy Secher, editor da *Hit Parader*, os tinha visto tocar e sacou que era a banda em que ficar de olho. Ele me contratou para fotografar os caras para a capa da revista. Quando os conheci, eles ficaram meio que com o pé atrás. O Guns tinha o próprio fotógrafo, que estava lá, e a banda não queria fotografar com ninguém a não ser com ele. Mas Bryn Bridenthal, que tinha passado da Elektra para a Geffen, não abria mão de mim para a sessão de fotos com a banda. Eu me lembro do Axl não querer olhar para a câmera. Também achei peculiar o fato de eles estarem produzidos como uma banda *glam*, mas na calça do Axl havia a frase GLAM SUCKS (GLAM É UMA BOSTA).

No final daquele ano, comecei a trabalhar para a *RIP*, uma revista nova que estava levando o jornalismo sobre rock a uma direção diferente, com entrevistas audaciosas, dando destaque para as bandas mais pesadas e usando capas conceituais. A *RIP* me contratou para fotografar o Ozzy para a capa da edição de estreia, que saiu no final de 1986.

AO LADO: Sebastian Bach na época do Madam X, em Phoenix, Arizona.
ACIMA: Madam X ao vivo. Phoenix, Arizona. **PÁGINA 236:** Madam X.
PÁGINA 237: Maxine Petrucci, do Madam X.

"Eu estava muito empolgado, porque sabia quem era o Mark e conhecia as fotos que ele tirava desde a época da *Circus*. E eu me sentia muito honrado de trabalhar com um fotógrafo de rock 'n' roll famoso. Acho que ele foi o primeiro fotógrafo de rock de verdade, famoso e conhecido, que me fotografou!"
—Sebastian Bach

"O Mark fez aquele monte de momentos nada bonitos ficarem belos. Ele tinha o toque mágico. Igual ao do Guns N' Roses, quando nós cinco estávamos juntos. A gente não errava. E o Mark tinha a mesma magia. Ele sempre sabia o exato momento em que devia agir." —**Steven Adler (baterista do Guns N' Roses)**

AO LADO: Axl Rose, do Guns N' Roses, em Los Angeles. **ACIMA:** Guns N' Roses

SEEK AND DESTROY

No ano da turnê do *The Ultimate Sin*, de tempos em tempos, eu ficava uma semana com o Ozzy na estrada. A banda de abertura era o Metallica, que tinha acabado de lançar o terceiro disco, *Master of Puppets*. O disco estava dando o que falar, e as revistas começaram a pedir fotos da banda. Então me apresentei aos caras do Metallica e perguntei se podia tirar fotos dos shows. Falei que ia aparecer de vez em quando ao longo da turnê e que levaria as fotos para eles aprovarem. Os caras gostaram do que viram e não demorou para começarmos a fazer sessões de fotos antes e depois dos shows também. Em setembro daquele ano, a banda saiu em turnê pela Europa, e, viajando de Estocolmo para Copenhagen, o ônibus deles tombou. Foi uma tragédia, pois o baixista da banda, Cliff Burton, morreu no acidente. Um tempo depois, o restante dos caras se reuniu em São Francisco e acabaram ensaiando com um baixista novo, Jason Newsted. O meu grande amigo George Dassinger, da Elektra Records, me pediu para fazer as novas fotos promocionais da banda.

NESTAS PÁGINAS E NAS PÁGINAS 242-245: Várias imagens do Metallica na turnê Damage, Inc.: (*alto desta página*) Banda com o baixista Cliff Burton; (*canto inferior esquerdo desta página*) Lars Ulrich; (*canto superior esquerdo da página ao lado*) Cliff Burton; (*canto superior direito da página ao lado*) James Hetfield; (*parte inferior da página ao lado*) banda com o baixista Jason Newsted; (*páginas 242 e 243*) Metallica no camarim; e (*páginas 244 e 245*) Metallica na Golden Gate Bridge, em São Francisco.

FLYING HIGH AGAIN

O *metal* tinha se tornado *mainstream*. Eu tinha me tornado *mainstream* com ele. Nunca sabia de onde viria o próximo trabalho – recebi proposta para fotografar até uma série nova da Fox chamada *Anjos da Lei*, que era estrelada pelo então jovem e desconhecido ator Johnny Depp. Os anos 1980 estavam a milhão. Os negócios iam bem, eu estava noivo e me casaria em junho e, no final do ano, faria a minha contribuição à história do rock 'n' roll, ao apresentar dois adolescentes ao mundo da música. Um ornaria a capa da *Rolling Stone* e o outro se tornaria um guitarrista lendário, que excursionaria pelo mundo lotando arenas ao lado do Príncipe das Trevas.

Fotografei o Guns N' Roses bem na época em que a banda estava estourando. Enquanto isso, artistas como Bon Jovi, Kiss e Mötley Crüe lotavam arenas, e eu estava lá, viajando e documentando as turnês entre as sessões de foto que fazia no meu estúdio. Doc McGhee fazia questão de que as bandas dele viajassem com estilo, e algumas delas, como o Bon Jovi e o Mötley Crüe, tinha os próprios aviões. Com o sucesso das turnês do *Slippery When Wet* e do *Girls, Girls, Girls*, as revistas lançaram edições inteiras e especiais sobre essas bandas. O mercado de fotografia estava bombando, e eu estava nadando na grana.

Em fevereiro daquele ano, a MTV lançou o concurso *Hedonism Weekend with Bon Jovi*. A emissora me contratou para viajar com a banda à Jamaica e fazer fotos dos vencedores. Tom Keifer, do Cinderella, e Bret Michaels, do Poison, estavam na crista da onda com o lançamento do primeiro disco das duas bandas, *Night Songs* e *Look What the Cat Dragged In*. Fotografei os dois vocalistas no *backstage* em Meadowlands, Nova Jersey, onde o Cinderella abriu para o Bon Jovi na véspera do Ano-novo. O Tom e o Bret exibiam com orgulho a minha foto para a capa do *Night Songs* na credencial da turnê do Cinderella.

Os anos 1980 também foram o apogeu das guitarras customizadas. Desde cores malucas a desenhos de arregalar os olhos e formas radicais, os músicos queriam os designs mais singulares que pudessem conseguir. Apresentar-se e posar com os instrumentos que eram, na essência, obras de arte, transformou-se em outra forma de expressão artística para muitos guitarristas daquela era. Eu vivia bolando maneiras de deixar as pessoas mais à vontade antes das sessões de fotos. Um dia, entrei numa loja de presentes e decoração e vi umas guitarras infláveis. Eu sabia que elas seriam perfeitas – uma maneira de quebrar o gelo instantaneamente. Eram meio cafonas, mas tudo pela diversão.

AO LADO: Jon Bon Jovi, concurso *Hedonism Weekend with Bon Jovi*, na Jamaica. **ACIMA:** Bon Jovi em frente ao avião da turnê do *Slippery When Wet*. **PÁGINAS 250 E 251:** Mötley Crüe prestes a embarcar no avião da turnê mundial de 1987 e 1988, do disco *Girls, Girls, Girls*.

"O Bon Jovi levou a mensagem do rock 'n' roll pelo planeta, e queríamos que isso fosse registrado. E o Mark era o cara para fazer isso." —**David Bryan** (tecladista do Bon Jovi)

"Os fotógrafos de rock eram fãs e também grandes assistentes que ajudavam a divulgar a nossa música. O trabalho do Mark era e continua exemplar. E um cara legal também. Ele nunca ultrapassava os limites. Era sempre bem vindo a ficar com a gente." —**David Coverdale (vocalista do Whitesnake)**

ACIMA: David Coverdale, do Whitesnake. **AO LADO:** Tom Keifer, do Cinderella, e Bret Michaels, do Poison, em Meadowlands.

"A gravadora falou pra gente: 'Beleza, o Mark Weiss vai para a estrada com vocês durante uma semana'. E a gente achou: 'Puta merda, que doido! Agora a gente vai ter aquelas fotos maneiras, tipo as que eu costumava ver do Led Zeppelin, do Aerosmith e essas paradas todas'." —**Stephen Pearcy (vocalista do Ratt)**

NESTAS PÁGINAS: Várias imagens com as guitarras infláveis, em 1986 (*página ao lado*) Stephen Pearcy, do Ratt; (*parte superior desta página*) Billy Sheehan e Yngwie Malmsteen; e (*parte inferior desta página*) Jon Bon Jovi.

PERDOE OS MEUS PECADOS

A edição de março da revista *RIP* tinha uma matéria especial em comemoração aos filmes de rock 'n' roll. O Dokken tinha composto "Dream Warriors" para a trilha sonora de *A Hora do Pesadelo 3*. O clipe da música foi filmado em Boston e continha várias cenas do filme e uma participação do próprio Freddy Krueger. O Ozzy fez uma ponta no filme de terror *O Rock do Dia das Bruxas* como um televangelista que condena o *heavy metal*. Aproveitei aquele papel e o vesti de padre e freira para fazer as fotos.

Na sessão de fotos para a *RIP*, o Ozzy comentou comigo que estava procurando um guitarrista novo. Meses depois, eu o ajudaria a encontrar um jovem chamado Jeffrey Wielandt, que usava o nome de Zakari Wylant na época. Em pouco tempo ele ficaria conhecido como Zakk Wylde - o novo guitarrista do Ozzy Osbourne. No dia anterior à ida do Zakk Wylde ao estúdio, a Sharon me pediu para ir com ela e o Ozzy dar uma sacada em um guitarrista em Long Island, num clube chamado Sundance. Levei o meu amigo Dave "Face" Feld. Quando chegamos ao clube, o Ozzy já tinha tomado várias a mais e estava um pouco ansioso. Eu me lembro de ele apontar para um cara no palco e falar: "Aquele ali! Ele é o meu novo guitarrista!". Quando estávamos indo embora, a Sharon me puxou de lado e falou: "Fica de olhos abertos". Ficou óbvio que aquele cara não era o escolhido. Liguei para o Face no dia seguinte e avisei que à noite eu ia a um clube em Sayreville chamado Close Encounters, a uns dez minutos da casa dos meus pais. O Face me falou que não ia, estava cansado demais da noite em Long Island. Continuei enchendo o saco para ele ir comigo, mas o Face recusou. Acabei desistindo. Mas o tempo foi passando e acabei apagando em frente à TV. O Face, no entanto, tinha me escutado e ido ao clube, que foi onde conheceu o Jeffrey Wielandt, cuja banda, Zyris, estava tocando naquela noite.

No dia seguinte, o Face me contou tudo sobre o guitarrista que ele tinha visto no clube. Falei que eu estava voltando para Nova York naquele dia para mostrar ao Ozzy umas fotos que a gente tinha feito mais no início da semana e que, se ele tivesse uma fita do moleque tocando, eu a passaria para o Ozzy e a Sharon. Quando cheguei ao meu estúdio, em Manhattan, escutei uma mensagem que o Face

ACIMA: Ozzy Osbourne, fotografado para a revista *RIP*, no estúdio do Mark, em Nova York. **AO LADO:** George Lynch e Don Dokken com Freddy Krueger, de *A Hora do Pesadelo*, no *set* de filmagem do vídeo de "Dream Warriors", em Boston.

tinha deixado na minha secretária eletrônica. "Weissguy consegui a fita, e é foda." Falei para o Face pegar o carro e levar o cassete e o Zakk com a guitarra e o amplificador dele. "Quando o Ozzy chegar, a gente pede ao Zakk para tocar para ele no estúdio." Contei tudo isso para a Sharon, e ela falou: "É claro, passamos aí depois do almoço". Uma hora depois mais ou menos, o Face entrou no estúdio com o Zakk. O cara tinha mesmo o visual. Pensei: "Se esse moleque souber tocar, a vaga é dele". Enquanto eu estava no meu escritório trabalhando, o Zakk sentou na sala de maquiagem e ficou praticando. Algumas horas depois, a Sharon ligou avisando que estava ficando tarde, mas eles apareceriam. Durante a espera, fiz uma sessão rápida de fotos com o Zakk. Mas, quando a tarde virou noite, ele ficou na dele praticando. Por fim, o relógio marcou meia-noite, e recebi outra ligação da Sharon. Ela pediu desculpa, mas o Ozzy tinha enchido a cara com o André the Giant, e eles viajariam para a Inglaterra na manhã seguinte – não se encontrariam com a gente. A Sharon me pediu para deixar a fita no hotel, que ela daria uma escutada no avião. Quando fui lá entregar o cassete, deixei dentro da capinha uma das fotos que eu tinha feito com o Zakk. Assim que a Sharon pousou na Inglaterra, ela me ligou: "Leva o rapaz a L.A. para fazer um teste". E o resto, como dizem, é história.

A notícia de que o Zakk era o novo pistoleiro contratado pelo Ozzy estava se espalhando. No final do ano, o anúncio oficial aconteceu na MTV, com a participação de Zakk e Ozzy no *Headbangers Ball*. Mais ou menos na mesma época, fiz as primeiras fotos oficiais deles juntos, que foram publicadas na *Rolling Stone*. Alguns meses depois, Zakk começou a trabalhar no álbum que seria o *No Rest for the Wicked*. Tiramos algumas fotos pela casa dele. Depois, fomos a um *karaoke* num shopping ali perto, em Jackson. Acabamos cantando uma paródia do clássico do Steppenwolf, "Born to Be Wild", e a renomeamos de "Born to Be Zakk Wylde (Nascido para ser Zakk Wylde)", cuja letra havíamos escrito no almoço naquele dia. A gente nunca riu tanto.

Em março de 1987, a WWF (atualmente WWE) convidou o Alice Cooper para ser o convidado especial do WrestleMania III, depois da participação do Ozzy no ano anterior. O evento aconteceu no Pontiac Silverdome, em Michigan. Colocaram o Cooper, que é de Detroit, no *corner* do Jake "The Snake" Roberts durante a luta dele com o Honky Tonk Man.

AO LADO: Jeff Hanneman e Kerry King, do Slayer, para a edição especial da revista *RIP* chamada "Rock Censorship Special [Especial Censura no Rock]". Turnê do álbum *Reign in Blood*. **ACIMA:** Zakk Wylde e Ozzy Osbourne, estúdio do Mark, em Nova York. **PÁGINA 260:** Mike Tramp, do White Lion. **PÁGINA 261:** Taime Downe, do Faster Pussycat.

"Era um show de sábado à noite diante de, sei lá, 108 pessoas, nada muito espetacular. Depois, quando eu estava guardando o equipamento, um cara chamado Dave Feld chega pra mim e fala: 'Você já pensou em fazer um teste para tocar com o Ozzy?'. Fa ei, tipo: 'Claro, tá beleza, cara. Você conhece os caras do Zeppelin também?'. Mas ele me falou que, se eu conseguisse uma *demo* e tirasse umas fotos, ele podia entregar para um amigo dele, o Mark Weiss, que tinha acabado de fazer uma sessão de fotos com o Ozzy. O Dave disse: 'Não posso prometer nada, mas não custa tentar'. Sem o Mark, eu nunca teria sido abençoado com a presença do Ozzy na minha vida. O Mark é como família para mim. Tipo um irmão mais velho." —**Zakk Wylde (guitarrista do Ozzy Osbourne)**

FAZENDO MÁGICA

Não havia muitas mulheres roqueiras no mundo do *metal* na época. A Lita Ford participava da cena como artista solo desde que a banda Runaways terminou, em 1979. Ela estava prestes a lançar com o Ozzy a música "Close My Eyes Forever", que se tornaria um *hit*. Na Alemanha havia o Warlock, com a vocalista Doro Pesch. A gravadora dela me contratou para fazer as fotos promocionais do disco novo da banda, *Triumph and Agony*. Ela queria algo místico e taciturno. Fui à loja de adereços e escolhi algumas coisas: um pano de fundo com uma lua cheia, algumas árvores e um lobo muito maneiro! Aí partimos para o mundo imaginário do Weissguy.

Em 1987, Tawny Kitaen participou do vídeo de "Here I Go Again", do Whitesnake e, graças à performance dela dançando em cima de dois carros, provavelmente era tão reconhecível quanto qualquer cara que tocasse numa banda na época. David Coverdale e Tawny se casariam dois anos depois.

Naquele ano, também fiz a foto para a capa do *crossover* de thrash/rap do disco *I'm the Man*, do Anthrax, além das capas do Autograph (*Loud and Clear*) e do TNT (*Tell No Tales*). A capa do TNT é um bom exemplo do estilo pelo qual fiquei conhecido. Eu dissipava a luz através de géis coloridos para mudar a cor do pano de fundo e do cenário, complementando o que os músicos estavam usando e, além disso, adicionava contraste à foto, para que as bandas se destacassem.

"O meu empresário me ligou e disse: 'Faremos uma sessão de fotos com um cara muito importante chamado Mark Weiss. Pegue todas as roupas que usa no palco, tudo o que você tem. Ele é nota dez'. Fotografar com o Mark era garantia de que se estava em boas mãos. Ele sempre trabalhava o *set* ou a luz e descolava uns adereços legais – tipo, um lobo. Era como montar o *set* de um filme, um negócio quase espiritual e muito intenso, muito profundo e muito comovente. Durante a sessão de fotos, entrávamos em um mundo diferente, não precisávamos nem fantasiar – estávamos lá."
—Doro Pesch

ACIMA: Tesla fotografado no *set* do vídeo de "Little Suzi", em Los Angeles.
AO LADO: Doro Pesch, do Warlock, no estúdio do Mark, em Nova York.
PÁGINAS 264-267: Kiss, sessão de fotos do livreto da turnê do *Crazy Nights*, em Los Angeles.

"O Mark era meio que obrigatório nos anos 1980 e 1990. Quem fosse fazer uma foto para revista ou coisa assim, se era heavy metal ou hard rock, provavelmente seria com Mark Weiss." —**Alice Cooper**

AO LADO: Blackie Lawless, do W.A.S.P., no estúdio do Mark, em Nova York.
ACIMA: Alice Cooper, durante a turnê Live in the Flesh.

"Quando começamos a trabalhar com o Mark, nos anos 1980, ele já era o 'Mark Weiss'. Para nós, ainda moleques, aquilo era quase uma validação. 'Nossa, o Mark Weiss está trabalhando com a gente!' Era um negócio importante mesmo. Ele era uma parte importantíssima daquela era e capturava a época e o lugar para o mundo ver. O trabalho que ele fez é tão icônico e tão importante, que todo o mundo ainda quer o cara." —**Scott Ian (guitarrista do Anthrax)**

AO LADO: Savatage, Times Square, Nova York. **ACIMA:** Anthrax, sessão de fotos do disco *I'm the Man*, no estúdio do Mark, em Nova York.

CASAMENTO ROCK 'N' ROLL

No dia 14 de junho, me casei com a Suzanne, a garota que eu tinha conhecido no elevador, em 1983. No último minuto, acrescentei duas pessoas à lista de convidados: Zakk e a namorada dele, Barbaranne. Foi um casamento rock 'n' roll, com certeza, com o pessoal do Twisted Sister e do Madam X, Kevin DuBrow e Steven Van Zandt. Era para a filha do Ozzy, Aimee, ser a nossa dama de honra, mas ela não pode ir, assim como o pai e a mãe dela. Infelizmente, o Ozzy ficou mal por causa de uma infecção de ouvido na noite anterior, e o médico recomendou que ele não andasse de avião. Mas o rock correu solto no casamento. No final da noite, o Zakk subiu no palco com o vocalista do Madam X, Sebastian Bach, e fizeram uma *jam* de trinta minutos tocando sons do Led Zeppelin. O Sebastian finalizou o improviso chamando o Kevin DuBrow para cantar "Bang Your Head", do Quiet Riot.

Pouco tempo depois de ter levado o Zakk ao meu estúdio, o Face achou um amigo, Dave "Snake" Sabo, guitarrista do Skid Row, a achar um vocalista novo para a banda dele. Isso tudo aconteceu depois de o Sebastian tocar com o Zakk, no meu casamento. Eles trocaram *demos*, e o Sebastian foi a Nova Jersey se encontrar com os caras da banda. Na primeira noite em que se encontraram, o Face e eu estávamos com eles, e a gente foi a um clube chamado Mingles, em South Amboy. Chegou uma hora em que Sebastian e os caras do Skid Row subiram no pequeno palco do lugar e tocaram umas músicas. Quando estavam saindo, o Sebastian entrou numa briga com um segurança e, no verdadeiro estilo rock 'n' roll, os novos colegas de banda entraram na confusão. Aí ele foi oficializado como o novo vocalista do Skid Row. Em uma das viagens seguintes dele a Nova Jersey, fiz a primeira sessão de fotos oficial com a formação nova. Foi o visual mais *glam* que o Skid Row adotaria. Nem preciso dizer que eles abandonaram o visual de carinhas bonitos, seguindo os conselhos de muita gente próxima a eles, inclusive Don McGhee, empresário do Jon Bon Jovi.

"Eu costumava dar um berro tão alto, que não dá nem para explicar. Ele arregaçava a minha garganta, mas o pessoal não acreditava na altura do grito que eu conseguia dar. No casamento, o Zakk ficou falando: 'Faz de novo, cara! Dá aquela porra daquele berro de novo!'. E eu falava: 'Não posso ficar fazendo isso sem parar!'. Mas continuei, e então os pais do Jon Bon Jovi me chamaram à mesa deles e disseram: 'Um amigo do meu filho tem uma banda, e eles estão procurando um vocalista. A gente acha que você seria ótimo para a banda'. O Dave Feld estava lá e, por intermédio do Dave Feld e dos pais do Bon Jovi, o Skid Row mandou umas fitas para mim, em Toronto, porque eu estava saindo da banda em que cantava na época. Foi assim que entrei no Skid Row."
—Sebastian Bach

AO LADO: Sebastian Bach, Mark e Zakk Wylde no casamento do Mark, no Molly Pitcher Inn, em Red Bank, Nova Jersey. **ACIMA:** Casamento do Mark (*da esquerda para a direita*: (*fileira de trás*) Jay Jay French, do Twisted Sister; Mark "Bam-Bam" McConnell e Chris Doliber, do Madam X; Sebastian Bach; Mark "The Animal" Mendoza, do Twisted Sister. (*Fileira do meio*) Steven Van Zandt; Suzanne e Mark; Zakk Wylde; e Maxine Petrucci. (*Na frente*) Kevin DuBrow. **PÁGINAS 274 E 275:** primeira sessão de fotos do Skid Row, em Red Bank, Nova Jersey.

SESSÕES COM O GUNS

O Guns N' Roses foi a Nova York tocar no Ritz no dia 23 de outubro. Fazia um ano que eu tinha fotografado a banda em Hollywood e, nesse intervalo, o *Appetite for Destruction* foi lançado. A banda estava começando a estourar, e todas as revistas queriam fotos. Quando descobri que eles ficariam uma semana na cidade, marquei uma sessão de fotos no meu estúdio. Depois disso, a agente publicitária deles, Bryn Bridenthal, me pediu para fotografar o EZO, uma banda do Japão do mesmo selo do Guns N' Roses, a Geffen. O Axl deu uma passada para dar um oi para os caras e posou para algumas fotos.

Uma semana depois, o Guns foi ao CBGB para uma sessão de autógrafos e fazer um show acústico. Os caras estavam de bom humor. Aproveitei isso e fizemos algumas fotos no clube. Pouco tempo depois do show no CBGB, fui à Flórida para ficar alguns dias fotografando o Mötley Crüe durante a turnê do *Girls, Girls, Girls* – o Guns N' Roses estava abrindo para eles. Quando cheguei ao local do show, o primeiro cara que vi foi o Steven Adler. "Fala, Weisguy!" – gritou ele pra mim, empolgado. Perguntei ao Steven se ele podia ver com os caras se eles topavam fazer umas fotos quando a banda saísse toda suada do palco. Quando voltei ao camarim depois do show, o Axl estava de toalha e bota de *cowboy*. Fizemos algumas fotos, depois fui fotografar o show do Mötley Crüe. Depois voltei para fazer mais algumas fotos do Axl já vestido.

"A vida era muito emocionante nessa época. Eu nunca tinha ido a Nova York, então foi uma curtição. Era tudo novo, tudo novidade, e é tão maneiro a gente ter sido fotografado nesses momentos. O Mark era muito gente boa. Ele tinha a manha. Se não tivesse a manha, acredite em mim – eu sou tranquilão, mas os outros caras, principalmente o Axl e o Slash, se o sujeito não fosse descolado, eles o derrubavam e a pessoa não podia ficar com a gente. E eles não conseguiram derrubar o Mark. Ele ficou com a gente." —STEVEN ADLER (baterista do Guns N' Roses)

AO LADO: Axl Rose no Lakeland Civic Center, na Flórida, durante a turnê do *Appetite for Destruction*. **PARTE SUPERIOR DESTA PÁGINA:** Slash e Steven Adler. **CANTO INFERIOR DIREITO DESTA PÁGINA:** Duff McKagan. **PÁGINAS 278 E 279:** Slash, em Nova York. **PÁGINA 280:** Guns N' Roses em frente ao CBGB. **PÁGINA 281:** Axl Rose, em Nova York. **PÁGINAS 282 E 283:** Guns N' Roses no estúdio do Mark, em Nova York.

O DEMONÍACO?

Ronnie James Dio era a pessoa mais legal e genuína que já conheci. Ao mesmo tempo, tinha uma mística sombria que aparecia em todas as fotos que fizemos juntos. Eu jamais ousava pedir a ele para sorrir em uma fotografia, e no *set* o Dio sempre se mantinha no personagem. Mas, quando chegou a hora de fazer as fotos promocionais para o *Dream Evil*, o quinto disco do Dio, eu quis tentar algo diferente. Tínhamos desenvolvido um relacionamento de confiança, então sugeri irmos para a casa dele e capturar "o lado mais pessoal do Ronnie". Minha vontade era que os fãs vissem a pessoa que eu conhecia tão bem.

AO LADO: Ronnie James Dio, turnê do *Dream Evil*.
PÁGINAS 286 E 287: Ronnie James Dio em casa. Encino, Califórnia.

ANOS DOURADOS

Em 1988, praticamente todas as bandas com quem eu trabalhava estavam ganhando disco de ouro ou de platina. Todo mundo adorava as placas com o disco para pendurar na parede, e eram as bandas e a gravadora que definiam quem ganharia uma. No final das contas, as bandas é que pagavam por elas, então eram bem seletivas sobre quem teria direito a uma. De bandas *glam* ao *thrash* e um ou outro deus da guitarra, as sessões de fotos para capas de disco continuavam aparecendo. Warrant, Britny Fox e artistas novos, como Winger, Kingdom Come e a banda só de mulheres Vixen, chegariam a ganhar disco de ouro. Bon Jovi, Cinderella, Poison, Scorpions e Ratt estavam lançando discos novos e levavam as bandas mais jovens para abrir os shows em arenas abarrotadas. As gravadoras continuavam a assinar com bandas novas e a mandá-las para o meu estúdio. O negócio seguia em frente e não diminuía. Os cabelos continuavam a ficar cada vez mais altos, mas, no final do ano, as bandas estavam voltando atrás e usando calça jeans e couro preto igual ao Guns N' Roses e ao Mötley Crüe.

O Dokken ganhou três discos de platina, mas nunca chegou ao *status* de banda de arena, expectativa da gravadora para a banda. Era de conhecimento geral que o guitarrista George Lynch e o vocalista Don Dokken tinham um relacionamento combativo, então, com a intenção de tentar vender uns discos, decidiram criar uma pequena controvérsia usando uma foto irônica com revólveres de brinquedo na capa da *Hit Parader* em que foi publicada uma entrevista que revelava tudo sobre a rivalidade deles.

Enquanto isso, uma leva nova de aspirantes estava colocando as calças de Lycra e botas de couro. O Bon Jovi fez um show secreto em um clube pequeno chamado Raritan Manor, e o Skid Row, uma banda nova prestes a estourar, abriu a noite. Duas semanas depois, o Skid Row fez o próprio show no Cat Club, em Nova York. No segundo semestre, a empresa que agenciava o Bon Jovi me contou que ele faria uma participação no vídeo de Sam Kinison para a versão que ele gravou de "Wild Thing", do Troggs. Todo mundo adorava o Sam, que estava se tornando o *rock star* do mundo da comédia. Eles estavam filmando na Califórnia, com um time de estrelas que incluía Rodney Dangerfield e grandes nomes do rock, como Jessica Hahn, que tinha se tornado famosa depois do envolvimento no escândalo de agressão sexual de Jim Bakker.

AO LADO: Klaus Meine, do Scorpions. **NO ALTO:** Poison, em Hollywood, Califórnia. **AO LADO:** Robbin Crosby, do Ratt, na casa dele, em Los Angeles.

"O Mark era um grande defensor da banda no início da nossa carreira. E, durante um tempo, ele era o único cara que fazia fotos nossas. Era o único que dava importância para a gente." —**Dave "Snake" Sabo** (guitarrista do Skid Row)

PÁGINAS 292 E 293: Sebastian Bach, em Red Bank, Nova Jersey.
ACIMA: Skid Row, em Somerville, Nova Jersey. **AO LADO:** Sebastian Bach e Jon Bon Jovi.

294 * 1988

AO LADO: Tommy Lee e Steven Tyler, filmagens do vídeo de "Wild Thing", em Los Angeles. **PARTE SUPERIOR DESTA PÁGINA:** Tracii Guns, do L.A. Guns; e Izzy Stradlin, do Guns N' Roses. The Palace, Los Angeles. **ACIMA:** Sam Knison e Billy Idol, filmagens do vídeo de "Wild Thing". **PÁGINA 298:** Lita Ford na turnê do disco *Lita*. **PÁGINA 299:** Lemmy Kilmister, no estúdio do Mark, em Nova York.

DANZIG — UMA GALERA NADA DIVERTIDA

Os caras do Danzig foram ao meu estúdio, e eles não eram uma galera exatamente amigável. Ninguém conversou, não houve zoeiras nem conversa fiada. Era evidente que nem queriam tirar as fotos… ou simplesmente não gostaram de mim. De qualquer maneira, eu tinha um trabalho a fazer. Precisava produzir uma ótima foto da banda para ser usada na capa dupla do disco. Se queriam um visual durão, decidi que seriam os caras mais durões de todos.

Primeiro, organizei os integrantes da banda de forma que o Glenn Danzig fosse a principal pessoa no enquadramento. A foto de uma banda é como um quebra-cabeça, um monte de formas e tamanhos diferentes que geram uma imagem completa. Assim que colocamos as peças no lugar, o trabalho do fotógrafo é transmitir a *vibe* dos caras, de uma forma que se conecte com os fãs. O Glenn era um pouco mais baixo, então o coloquei mais próximo da câmera e o fotografei de um ângulo mais baixo, fazendo com que parecesse mais alto e dominante do que os outros. Sem falar nada disso com ele, capturei a imagem – o capturei.

A sessão progredia e eu tentava tirar um pouco mais da banda, só que as coisas não demoraram a fazer uma curva na direção de um território um pouco desagradável. Pedi ao Glenn para esticar o pescoço para a frente na minha direção. Era como falar com uma parede de tijolos, ele não se mexia. Os outros caras começaram a segui-lo e a não cooperar também. Segui fazendo o de costume – me aproximar da banda e ajustar um ombro aqui, uma cabeça ali. Mas, quando cheguei perto do Glenn, ele falou: "Não encosta em mim. Só tire as fotos". Finalizei o rolo de filme e falei: "Ok, terminamos".

Para a minha surpresa, o Glenn disse que queria fazer mais algumas fotos. Eu não esperava o que aconteceu em seguida – a banda inteira ficou sem camisa. No dia seguinte, entrei em contato com o diretor de arte. Ele me perguntou: "O que você fez para deixar o Glenn puto? Ele adora as suas fotos, mas nunca mais quer fotografar com você". Falei que tinha espaçado os caras um pouco e o Glenn apelou comigo. E o cara disse: "Você não devia ter encostado nele". Fiquei abismado.

NESTAS PÁGINAS: Danzig, estúdio do Mark, em Nova York.

MONSTERS OF ROCK

No dia 14 de maio, a Atlantic Records fez um megaconcerto no Madison Square Garden para comemorar os quarenta anos de aniversário do selo. Intitulado "It's Only Rock and Roll", o festival durou quase 13 horas e contou com apresentações de Yes e Genesis a Crosby, Stills & Nash e Bee Gees. Mas o evento principal era a reunião de Robert Plant, Jimmy Page e John Paul Jones tocando juntos com o nome de Led Zeppelin. Uma década antes, fotografei o Zeppelin no mesmo lugar, mas, dessa vez, eu tinha credenciais. Permitiram que os fotógrafos trabalhassem durante uma música no *pit*, e depois recorri aos meus truques antigos, me infiltrei no público e continuei a fotografar.

No final daquele mês, o Van Halen caiu na estrada como atração principal do Monsters of Rock, uma turnê de verão gigantesca que avançou pelo mês de julho com Scorpions, Dokken, Metallica e Kingdom Come. A banda tinha acabado de lançar o segundo disco com Sammy Hagar, *OU812*, e me contratou para fazer fotos novas em estúdio e dos shows. Eu me juntei a eles em algumas datas da turnê, começando por uma coletiva de imprensa que aconteceu antes do primeiro show, em East Troy, Wisconsin, no Valley Music Theatre. Todas as revistas de rock queriam fotos da monstruosa turnê, e eu tinha uma credencial com acesso total, o que me deu a chance de fotografar quem eu quis.

AO LADO: Robert Plant, do Led Zeppelin. Aniversário de quarenta anos da Atlantic Records, no Madison Square Garden. **PARTE SUPERIOR DESTA PÁGINA:** Robert Plant e Jimmy Page, no Madison Square Garden. **PARTE INFERIOR DESTA PÁGINA:** coletiva de imprensa do Monsters of Rock, em East Troy, Wisconsin.

NESTAS PÁGINAS: Várias imagens da turnê Monsters of Rock: (*parte superior desta página*) o público; (*parte inferior desta página*) Kingdom Come no palco; (*página ao lado*) Lenny Wolf, do Kingdom Come.

"O Monsters of Rock era para ser o nosso auge, e foi. Nós estávamos lá enfiados no meio de cinco bandas – Kingdom Come, Metallica, Scorpions, Van Halen – nessa ordem. Estávamos no meio. O nosso empresário falou: 'Pronto, vocês estão dentro. É uma grande chance, toquem bem'."
—"Wild" Mick Brown (baterista do Dokken)

NESTAS PÁGINAS: Mick Brown, do Dokken (*página ao lado*), e o Scorpions no *backstage* (*acima*) durante o Monsters of Rock. **PÁGINAS 308 E 309:** Imagens do Van Halen no Monsters of Rock: (*parte superior da página 308*) Sammy Hagar e Eddie Van Halen; (*parte inferior da página 308*) Van Halen no palco; (*página 309*) Sammy Hagar.

"Aquele era o sonho do fotógrafo. Ver o trabalho dele espalhado por todo o canto... O Mark sempre teve passe livre para fazer qualquer coisa que quisesse, porque eu confiava nele. Ele era dos nossos. Era parte do estilo de vida rock 'n' roll." —**Sammy Hagar**

CURTINDO NO SUNSET GRILL

O Sunset Grill era um lugar famoso aonde os músicos iam para comer depois de deixarem os equipamentos no Guitar Center, que ficava ao lado. Quando eu estava em Los Angeles com o Zakk, que gravava com o Ozzy, entrei em contato com a equipe do Guns N' Roses para ver se os caras animariam improvisar umas fotos lá. Alguns dias depois, tínhamos um plano – ao menos era o que eu achava. Todo mundo apareceu... exceto o Axl. Então, em vez de fazer fotos da banda, capturei imagens individuais dos outros quatro caras. No dia seguinte, o Axl apareceu lá com a namorada (que em breve se tornaria esposa), Erin Everly. A gente comeu um hambúrguer e ele fez umas poses. Quando ele e Erin estavam indo embora, o Axl me mostrou o celular novo dele. Ele me falou: "Olha o que eu comprei, Mark! Quer fazer uma ligação?". Foi a primeira vez que usei um celular.

NESTAS PÁGINAS: Guns N' Roses no Sunset Grill, em Los Angeles: (*página ao lado*) Slash; (*parte superior desta página*) Izzy Stradlin; (*canto inferior direito desta página*) Duff McKagan.

AO LADO: Axl Rose, turnê do *Appetite for Destruction*. **NO ALTO:** Guns N' Roses, turnê do *Appetite for Destruction*. **ACIMA:** Guns N' Roses no Limelight, em Nova York.

ACIMA: Angus Young, do AC/DC. **AO LADO:** Brian Johnson, do AC/DC. Ambas as fotos durante a turnê do *Blow Up Your Video*.

AO LADO: Zakk Wylde, turnê do *No Rest for the Wicked*, 1989.
NO ALTO DESTA PÁGINA: Vinnie Vincent Invasion, 1987.
ACIMA: Whitesnake na turnê mundial da banda, 1987-1988.

"Acho que ele trabalhava bem com a gente porque éramos da mesma área, tínhamos o mesmo senso de humor – típicos moleques na boa de Nova Jersey. Rolava tanta zoação quanto flashes nas nossas sessões. Acho que por isso o Mark é Weiss-guy, 'o Cara'! – esse apelido se encaixa bem a ele, com certeza."
—Bobby "Blitz" Ellsworth (vocalista do Overkill)

NO ALTO DESTA PÁGINA: Overkill, no estúdio do Mark, em Nova York.
ACIMA: Slayer, em Los Angeles. **AO LADO:** Dave Mustaine, do Megadeth, no backstage, na turnê do *So Far, So Good... So What!*

LAY YOUR HANDS ON ME

No dia 19 de agosto, o Bon Jovi fez uma coletiva de imprensa e uma festa na cidade de Nova York para comemorar o lançamento do disco novo da banda, *New Jersey*. Decoraram o lugar com um calçadão de praia estilo Jersey Shore, um monte de salva-vidas gatas e barraquinhas de cachorro-quente. No mês seguinte, a banda foi para a Califórnia filmar o vídeo do principal *single* do disco, "Bad Medicine", com o diretor Wayne Isham. Depois da participação do Jon em "Wild Thing", o Sam Kinison retribuiu o favor aparecendo no clipe de "Bad Medicine". "A gente faz um vídeo do Bon Jovi melhor do que esses caras!", grita ele passando câmeras portáteis aos fãs e os convidando para entrar no *set* e ajudar a fazer o vídeo.

Mais tarde, quando 1988 chegou ao fim, a *Rolling Stone* me contratou para fotografar o Bon Jovi em Moscou, onde Doc McGhee estava se encontrando com dignitários russos para orquestrar um show no segundo semestre. Na época, ele tinha sido apelidado de Woodstock russo. O concerto acabou conhecido como Moscow Music Peace Festival.

PÁGINA AO LADO: Jessica Hahn e Sam Kinison, no *set* do vídeo de "Wild Thing", em Los Angeles. **NO ALTO DESTA PÁGINA:** Bon Jovi, coletiva de imprensa do LP *New Jersey*, em Nova York. **AO LADO:** Doc McGhee e Jon Bon Jovi, em Moscou. **PÁGINAS 322 E 323:** Bon Jovi, em Moscou.

321

SAUDADE DE CASA

No início de 1989, comecei a pensar em me mudar de volta para Nova Jersey. Eu estava ficando esgotado em Nova York e viajando mais do que nunca, seguindo bandas pelo mundo. Queria voltar para Jersey, comprar uma casa e cuidar da minha família. Encontrei um imóvel ótimo para alugar bem à beira-mar em Rumson. Era perfeito: uma garagem para dois carros, que transformei em estúdio, uma área no segundo andar, que seria o meu escritório, uma lareira para relaxar e uma doca em que podia amarrar o meu barco. Sempre gostei de mudanças e também adorava transformações. Quando era garoto, vivia mudando a minha mobília de lugar e até trocava de quarto com o meu irmão, depois destrocava. Comecei a planejar a minha ida para Rumson para meados do primeiro semestre.

No lado musical, o Skid Row tinha lançado o autointitulado primeiro disco no início do ano. Eu estava empolgado pelos caras, mas também um pouco desanimado com a arte do álbum. No segundo semestre de 1988, fiquei sabendo que a banda havia feito a foto da capa do disco. Senti-me traído. Eu era o responsável pelos caras terem o Sebastian no vocal e tinha certeza de que, quando chegasse a hora de fazer a capa do disco, eles me chamariam. Mas o diretor de arte da gravadora da banda decidiu chamar uma pessoa que fez uma foto "em preto e branco pretensiosamente artística". Quando descobri o que tinha acontecido, procurei o empresário do Skid Row, Scott McGhee, e expressei o meu desapontamento. Ele tentou explicar tudo, dizendo que foi coisa da gravadora. Mas eu não ia deixar pra lá tão fácil assim. Então liguei para os caras da banda. Eles se desculparam, mas disseram a mesma coisa. Foi uma decisão da gravadora. Uma vez mais, não aceitei aquela resposta. Pedi para me descreverem a sessão de fotos, eles me disseram que o cenário foi uma rua escura durante a noite. Imediatamente, comecei a vislumbrar o *set* que eu criaria para fotografar a banda. Decidi que não ia ser derrotado sem lutar, os caras entenderam e pareciam me apoiar. Depois de algumas conversas com o empresário, fiz um acordo, e a gente deu prosseguimento à sessão de fotos. Eles pagariam todos os custos, e eu não cobraria as fotos, a não ser que as usassem.

Agendamos a sessão no estúdio do meu amigo Danny Sanchez, em Red Bank – o mesmo lugar em que eu tinha feito a foto do *Slippery When Wet* com o Bon Jovi alguns

AO LADO: Skid Row, sessão de fotos do disco *Skid Row*, em Red Bank, Nova Jersey. **ACIMA:** Skid Row no Japão.

anos antes –, e comecei a trabalhar na criação do *set*. Providenciei um painel de tijolos, uma cerca, algumas latas, lixo e outros entulhos. Desgastei o painel para ele ficar parecido com as paredes que se vê em uma sombria rua sem saída. Por fim, iluminei a cena como se ela estivesse recebendo a luz de um único poste, similar à imagem da capa com que eu estava competindo. Chamei a banda e fotografamos durante doze horas.

A banda curtiu a *vibe* do que eu estava fazendo. Mas a gravadora não quis sequer esperar para ver o meu trabalho; ela precisava distribuir a capa para divulgar o disco antes do lançamento. No entanto, ainda estavam interessados no restante do material que acompanharia o disco. O encarte, a contracapa e as capas dos singles, bem como o material promocional e do *merch* foram feitos com as minhas fotos. O disco *Skid Row* acabou se tornando um sucesso gigantesco e vendeu mais de cinco milhões de cópias nos EUA. Fiquei desapontado pela foto da capa não ter sido minha, mas foi bom saber que a banda tinha lutado por mim.

Fiz a minha última sessão no estúdio de Nova York em março. Foi no terraço, com o Dirty Looks, para o segundo disco deles lançado por uma gravadora grande, o *Turn of the Screw*. Eu tinha desenvolvido um ótimo relacionamento com o departamento de arte da Atlantic Records por causa das fotos para as capas do Twisted Sister, e eles queriam que eu fizesse a minha mágica com mais uma banda deles.

O Skid Row tocaria no Japão no segundo semestre daquele ano. O país é um lugar que carrega uma mística para mim. Na adolescência, eu tinha visto as fotos colossais do Kiss em Tóquio, e essas imagens estavam incrustadas na minha cabeça. Quando tive a oportunidade de viajar com o Skid Row na turnê deles por lá, eu a agarrei. A agência que os empresariava pagou a minha viagem em troca do uso das imagens. Andando pelas ruas, uma multidão de fãs apaixonadas se aglomerava em volta da banda. A dois quarteirões de distância dava para ver um cara louro de 1,90 metro rodeado por um monte de pequeninas garotas de cabelo escuro. O Sebastian adorava a atenção e sempre curtia muito.

ACIMA: Sebastian Bach com fãs no Japão.
AO LADO: Sebastian Bach no Japão.

"É possível considerá-lo um historiador de uma era que tinha que ser vivida para se acreditar nela. Foi a era do excesso, e quem sobreviveu a ela tem uma quantidade interminável de histórias para contar." —Dave "Snake" Sabo

328 ✷ 1989

ESTA CASA NÃO ESTÁ À VENDA

No dia 30 de março, o Jon Bon Jovi deu a casa em que passou a infância para Jay e Judy Frappier, que a ganharam em um concurso na MTV. Os Bongiovi tinham morado na Robinhood Drive em Sayreville, Nova Jersey, durante vinte e quatro anos. Eles compraram uma casa nova em outra cidade, e foi o irmão mais novo do Jon, Matt, que sugeriu o concurso na MTV para dar a antiga a alguém. Pouco depois, em abril, Jon se casou às escondidas com a namorada do Ensino Médio, Dorothea Hurley, na Graceland Wedding Chapel, em Las Vegas. Depois que voltaram para casa e deram a notícia, o Jon planejou uma festança em Nova York. Enquanto os convidados comemoravam lá, me encontrei com os recém-casados na casa deles, em Rumson, para um brinde com champanhe mais reservado, antes de partirmos no helicóptero que aguardava ali perto. Em março, Alice Cooper, Desmond Child e Richie Sambora foram ao estúdio na casa do Jon, em Rumson. Juntos escreveram e gravaram "Hell Is Living Without You", que saiu no disco *Trash*, do Alice Cooper, lançado em julho daquele ano. No dia 11 de junho, o Bon Jovi fez um show gigantesco no estádio do Giants. Também participaram do evento o Skid Row, Billy Squier e Sam Kinison. O Little Steven se apresentou no final. Assim como tinha acontecido no *Slippery When Wet*, Jon me mandou achar uma garota para colocar nas credenciais do evento e falou que a queria com uma camisa rasgada. Só que, dessa vez, convenientemente, a camisa era do Giants. Foi uma ótima maneira de estrear o meu estúdio novinho de Jersey.

AO LADO: Foto do casamento de Jon e Dorothea, tirada na casa do Jon, em Rumson, Nova Jersey. **PARTE SUPERIOR DESTA PÁGINA:** Casa em que Jon Bon Jovi passou a infância, durante o evento da MTV para doá-la. Sayreville, Nova Jersey. **PARTE INFERIOR DESTA PÁGINA:** Mark com a modelo, na casa do Mark, em Rumson, Nova Jersey.

NESTAS PÁGINAS: Imagens do estádio do Giants: (*canto superior esquerdo*) Billy Squier e (*canto superior direito*) Sebastian Bach; (*parte inferior da página*) Jon Bon Jovi e Sam Kinison; (*página ao lado*) Jon Bon Jovi.

332 * 1989

BACK IN THE USSR

No segundo semestre daquele ano, aconteceu um dos maiores eventos de rock da década: o Moscow Music Peace Festival. Nos dias 12 e 13 de agosto, mais de cem mil fãs russos de rock 'n' roll foram ao estádio Lenin, em Moscou, onde aconteceu um festival gigantesco com Skid Row, Scorpions, Cinderella, Ozzy Osbourne, Mötley Crüe e Bon Jovi. O evento foi organizado pelo empresário Doc McGhee, e os lucros seriam destinados à Make a Difference Foundation, uma organização sem fins lucrativos que levantava dinheiro para programas educacionais antidrogas e de combate ao vício. Eu tinha viajado para a Rússia com o Bon Jovi no ano anterior. Estávamos retornando para o que seria um momento histórico. Alguns dias antes do festival, todos nós embarcamos num avião que apelidamos de "Magic Bus" e fomos para a União Soviética. Parecia uma reunião de classe do colégio. Na verdade, esqueça essa história de classe do colégio, estava mais para uma reunião de família! O voo para lá foi uma grande festa.

"Não serviram bebida no avião, então todo mundo foi ao Duty Free e estocou a maior quantidade possível de birita. Saímos do Lax e fomos para Newark, depois para Heathrow, onde pegamos o Scorpions, e partimos para Moscou. Dava para ficar bêbado e sóbrio umas vinte e duas vezes naquele voo." —**Zakk Wylde**

PÁGINA AO LADO, NO ALTO: Richie Sambora, Ozzy Osbourne, Vince Neil e Jon Bon Jovi chegando a Moscou para o Moscow Music Peace Festival.
PÁGINA AO LADO, ABAIXO: Jon Bon Jovi, Tom Keifer, Richie Sambora, Zakk Wylde e Jason Bonham no avião "Magic Bus", a caminho de Moscou.
PARTE SUPERIOR DESTA PÁGINA: Músicos no Moscow Music Peace Festival. **AO LADO:** Mark Weiss e um soldado russo, em Moscou.

Quando chegamos a Moscou, eu quis ser o primeiro a desembarcar para capturar o momento mágico em que tantos integrantes da realeza do rock pisariam no solo russo. Eu me lembro de ver, quando moleque, as filmagens da primeira vez em que os Beatles foram aos EUA. Aquele momento ali parecia igualmente monumental.

NESTAS PÁGINAS: Imagens do Moscow Music Peace Festival: (*parte superior desta página*) Jon Bon Jovi; (*parte inferior desta página*) Dave "Snake" Sabo, Zakk Wylde e Nikki Sixx; (*parte superior da página ao lado*) Mötley Crüe no palco; (*parte inferior da página ao lado*) músicos no *backstage*.

"Foi um daqueles momentos que a gente nunca imagina que vai acontecer. Porra, cara, uma coisa é fazer turnê nos Estados Unidos, mas ir para a Rússia e ver o pessoal todo cantando as nossas músicas – acho que tinha quarenta ou sessenta mil pessoas no estádio pirando – faz a gente pensar: 'Caralho, como eles sabem quem somos aqui?'." —**Tommy Lee**

ACAMPAMENTO DO WEISSGUY

O Foundations Forum foi criado como a primeira convenção do mundo dedicada à indústria do *hard rock* e do *heavy metal*. O segundo evento anual aconteceu de 21 a 23 de setembro no Sheraton Universal Hotel, em Los Angeles, e o principal conferencista foi Gene Simmons, do Kiss. Nessa época, o Mötley Crüe, o Warrant e o Skid Row estavam no topo das listas da *Billboard* e o público da convenção tinha dobrado de um ano para o outro. Parecia que aquela música havia chegado para ficar. A convenção foi organizada pelo executivo da Concrete Marketing, Bob Chiappardi, que resumiu o propósito do fórum: "Do jeito que o *heavy metal* está crescendo, é necessário tomarmos cuidado para que ele não exploda. Sentar e conversar sobre o gênero, os pontos bons e os ruins, promover a interação entre os independentes e os grandes nomes, isso deixa a indústria mais saudável no geral". Esse foi um dos momentos determinantes do *hard rock*, ainda que tenha sido também o começo do fim.

No segundo semestre, eu já estava morando na casa nova em Jersey Shore. Com o ambiente diferente veio uma abordagem diferente para atrair as bandas ao meu estúdio.

Transformei a doideira e o glamour da cidade de Nova York em churrascos e passeios no meu barco. Era o Acampamento do Weissguy. Eu só não contava para ninguém que o meu barco, na verdade, era uma jangada! Um monte de bandas começou a ir à minha casa. Muitas paravam lá com o *tour bus* indo para um show ou voltando de uma apresentação. Eu tinha uma seleção de panos de fundo coloridos, uma porta de garagem branca, uma parede de concreto e muita grama verde para usar nos meus novos cenários, isso sem falar na igreja do século dezoito a menos de um quarteirão de lá. Eu estava em casa. Isto é, até eu me mudar um ano depois...

"O Mark fotografava o Bon Jovi e ele estava fazendo um trabalho tão bom que o Derek Shulman, presidente da ATCO/Atlantic, disse: 'Quero que vocês trabalhem com um cara'. Então a gente foi à casa do Mark, a gente apareceu lá, estávamos fumando maconha, experimentando muito na época. Mas ele entendeu. O cara tinha um senso de equilíbrio muito bom. E tiramos fotos em todos os lugares da casa dele. Fotos ótimas. Fizemos algumas coisas do lado de fora também. E ele tinha uma tonelada de adereços e figurinos – a gente se vestiu de vampiro, ficamos muito coloridos e *glam*."
—Chip Z'Nuff (baixista do Enuff Z'Nuff)

PÁGINA AO LADO: Enuff Z'Nuff, estúdio na casa do Mark, em Rumson, Nova Jersey. **NESTA PÁGINA, NO ALTO:** Mr. Big, na casa do Mark.
AO LADO, NESTA PÁGINA: Steve Whiteman, do Kix, na casa do Mark.

ATAQUE DE TUBARÃO

Em abril, o editor da *RIP*, Lonn M. Friend me carregou para a Flórida, onde fiz uma sessão de fotos para a capa do disco do Great White. Acabamos indo a um lugar apropriadamente chamado Shark Lounge (Lounge do Tubarão) depois do show da banda no Ocean Center, em Daytona Beach, abrindo para o Ratt. O Jack Russell, vocalista do Great White, estava no espírito "ataque de tubarão" quando escolheu pessoalmente a modelo que participaria com ele da sessão de fotos para a capa do disco no dia seguinte.

O filme *Shocker: 100 Mil Volts de Terror*, de Wes Craven, foi lançado naquele ano, e tinha uma trilha sonora *hard rock* e *heavy metal*, com bandas como Dangerous Toys e a banda nova do ex-Plasmatics Jean Beauvoir, Voodoo X. O principal *single* do disco era a versão do Megadeth para o clássico do Alice Cooper, "No More Mr. Nice Guy". O Alice encenou uma eletrocussão teatral do líder do Megadeth, Dave Mustaine, no último dia do Foundations Forum para promover a trilha sonora.

Naquele ano, também tive a oportunidade de fotografar o Badlands, uma banda nova produzida por Paul O'Neill. A primeira vez que encontrei o Paul foi na Leber--Krebs. Nós dois crescemos rápido na carreira e, quando o Paul começava a trabalhar com uma banda, ele sempre me chamava para fazer as fotos. Eu já conhecia o vocalista Ray Gillen e o baterista Eric Singer quando os fotografei para o Black Sabbath, em 1986. Eles haviam se reunido com o guitarrista Jake E. Lee – que tocava com o Ozzy na época em que os dois estavam no Sabbath – para formarem o Badlands. O Paul me contratou para fazer as fotos quando a banda estava gravando o primeiro disco, em Nova York. Fizemos umas fotos promocionais nas ruas da cidade de Nova York e depois no meu estúdio. O Paul é o cara mais leal que já conheci.

"A viagem com o Great White para Fort Lauderdale rendeu uma das mais escandalosas histórias de capas da minha época na *RIP*. Testemunhar o vocalista Jack Russell na glória da devassidão pré-show foi tanto esclarecedor quanto de arrepiar a espinha. O Weissguy sugeriu que o visual adequado para o artigo era uma foto sem camisa na piscina, que ele capturou no hotel no dia seguinte. Na estrada, no *pit* ou no estúdio, as lentes do Mark sempre laçavam os músicos em seu estado natural. As fotos dele agraciaram muitas páginas na nossa ilustre bíblia do barulho." —**Lonn M. Friend** (editor executivo da revista *RIP*)

NESTA PÁGINA: Great White, em Daytona Beach, Flórida.
PÁGINA AO LADO: Jack Russell, do Great White.

"O que sempre respeitei no Mark foi isto: é óbvio que ele fotografou todas as grandes bandas, mas ele também vive rodando por aí. Muitas vezes, eu saía para ver uma banda iniciante e lá estava o Mark Weiss fotografando os caras. E é por isso que a casa dele é como uma cápsula do tempo de toda a história do rock 'n' roll. Para pessoas como o Mark aquilo lá não é um trabalho – é uma paixão. O Mark gosta das bandas, ele gosta da música. Ele encontra aquele elemento individual em cada artista que os torna diferentes, e então captura a história inteira – desde quando ninguém sabia quem eram os caras até eles chegarem ao topo."
—**Paul O'Neill (produtor e guitarrista)**

ACIMA: Ray Gillen, Paul O'Neill e Jake E. Lee, sessões de gravação do Badlands, no Record Plant, em Nova York. **AO LADO:** Badlands, no estúdio do Mark, em Nova York.

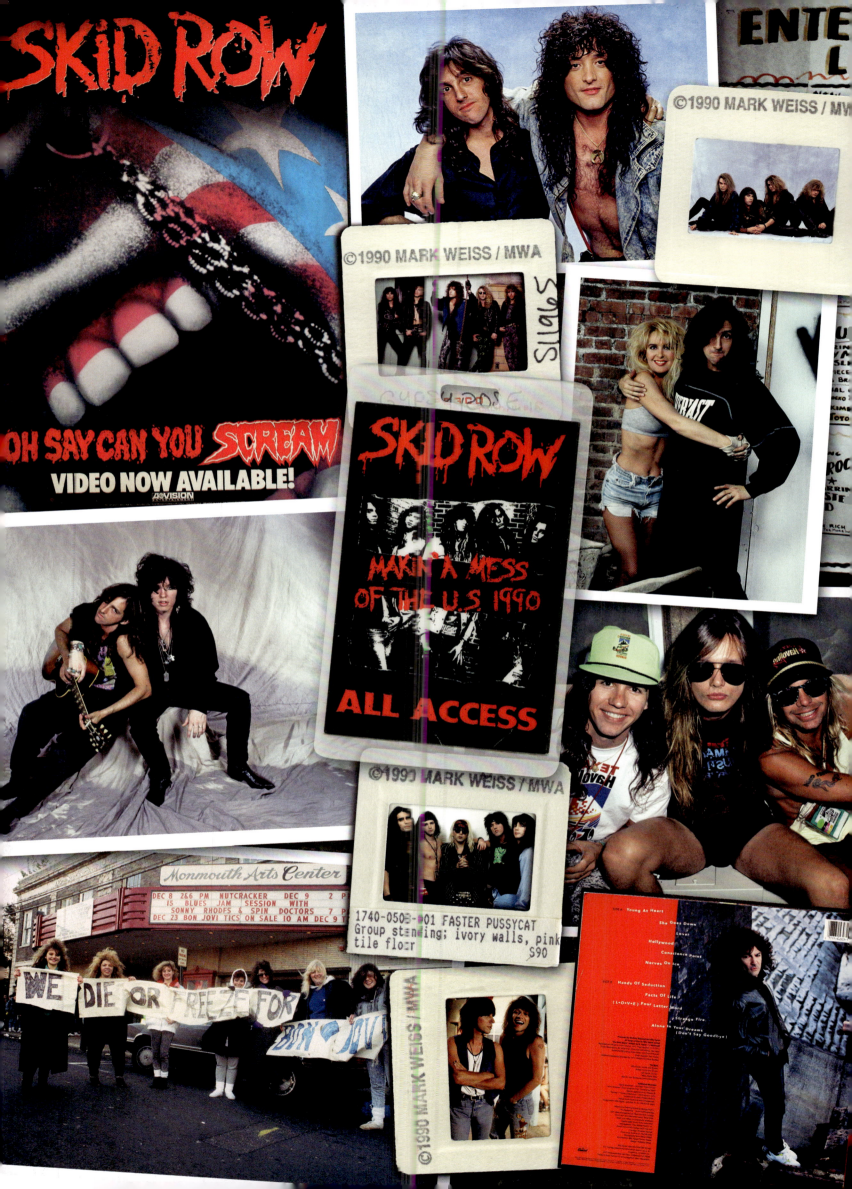

WHERE HAVE ALL THE GOOD TIMES GONE?

No final de 1989, fiz uma sessão de fotos que durou um dia inteiro com o Poison, em L.A. Quando terminamos, eu tinha algumas horas para matar antes do meu voo de volta a Nova Jersey, então me encontrei com um amigo para comer alguma coisinha no Johnny Rockets, na Melrose. Estacionei o carro em uma rua movimentada e, caminhando, me lembro de ter pensado: "Onde o filme vai ficar mais seguro, no carro ou comigo?". Decidi que ficaria melhor comigo. Eu estava errado. Pouco depois, nos abordaram e apontaram uma arma para nós. Os dois caras meteram uma coronhada no meu amigo e pegaram a bolsa com o filme e a minha jaqueta – em que também estavam a minha carteira, a minha identidade e a passagem de avião. Fiquei encalhado. No final das contas, tudo foi resolvido. Depois que os caras do Poison ficaram sabendo do que tinha acontecido, o Bret Michaels comprou outra passagem para mim e garantiu que eu chegasse bem à Costa Leste.

Então, em fevereiro de 1990, recebi uma ligação do Bret. Ele perguntou como eu estava e se gostaria de fazer as fotos do *Flesh & Blood*, agendado para sair no início do segundo semestre. Fui a Vancouver, onde trabalhavam no disco. Quando cheguei, eles estavam de calça jeans e camisa de malha, um visual nada espalhafatoso.

Perguntei: "Quando vocês vão ficar prontos?". Eles responderam: "Já estamos prontos. Os tempos estão mudando".

Com certeza, havia uma mudança em curso, mas o *hard rock* e o *metal* ainda faziam muito sucesso. A nova banda *glam* de L.A., o Tuff, tinha acabado de assinar com a Atlantic e estava pronta para estourar. A gravadora precisava de fotos novas para começar a divulgação, então fui a L.A. me encontrar com os caras. Depois de uma sessão de fotos rápida, fomos à Strip fazer umas imagens em algumas das casas de show em que eles tocavam.

Caminhando pela Sunset Boulevard, vimos um cartaz no famoso clube de rock Gazzarri's. Com data de 24 de janeiro de 1990, ele tinha sido enviado pela equipe do prefeito de L.A., Tom Bradley, para todos os clubes da Strip. O dono do Gazzarri's, Bill Gazzarri, tinha colocado a notificação sob um vidro para que todos a lessem. A seção 28.04 (a) disse a todos nós o que precisávamos saber: Nenhuma pessoa deve pintar, marcar, escrever nem colar ou afixar panfletos ou cartazes... Era o fim de uma era. A Sunset Strip jamais seria a mesma.

"Foi irônico estarmos lendo aquela notificação, porque no mesmo dia a gente tinha saído para espalhar nossos *flyers* por toda a Hollywood. Então, basicamente, estávamos infringindo a lei. A gente pegava dez mil *flyers* na gráfica e em algum momento teríamos distribuído tudo aquilo e providenciaríamos outra remessa. No auge desse esquema, dezenas, provavelmente centenas de bandas ou mais por fim de semana saíam para divulgar os shows. E todo mundo colava e distribuía os *flyers* pela cidade. O que acontecia, então, era que, todo dia, por volta das quatro da madrugada, a cidade tinha que contratar uma equipe para limpar a Sunset Strip. Porque ela estava abarrotada de papel."
—Stevie Rachelle (vocalista do Tuff)

AO LADO: Tuff em frente ao Gazzarri's, em West Hollywood, Califórnia.
ACIMA: Stevie Rachelle e Todd Chase, do Tuff.

347

"Foi uma época muito sinistra. Foi muito louco quando o assaltaram. Em primeiro lugar, ainda bem que ele sobreviveu. Mas, em segundo lugar, perdemos todas aquelas imagens! Refizemos a sessão de fotos. Eu me lembro de a gente indo para trás do estúdio [em que] estávamos literalmente gravando naquele dia. O Mark, além de ser um fotógrafo extraordinário, é um amigo sensacional e uma parte incrível da minha vida e do legado da minha vida." —**Bret Michaels (vocalista do Poison)**

AO LADO: Sessão de fotos para o disco *Flesh & Blood*, do Poison, Little Mountain Sound Studios, Vancouver. **NESTA PÁGINA:** Poison, gravação do *Flesh & Blood*. **PÁGINAS 350 E 351:** Jon Bon Jovi, fotos para o cartão de Natal. Atlantic Highlands, Nova Jersey.

"Eu era um moleque que amava todas aquelas bandas e amo ainda hoje. Am música. É quem eu sou. Foi com ela que eu cresci. É o meu ambiente musical. E as fotos do Mark Weiss eram o ambiente musical em que os sonhos eram visualizados." —**Mark Slaughter (vocalista do Slaughter)**

PARTE SUPERIOR DESTA PÁGINA: Slaughter, no *backstage*, abrindo para o Kiss na turnê do *Hot in the Shade*. **PARTE INFERIOR DESTA PÁGINA:** Vixen, em Los Angeles. **AO LADO:** Michael Monroe, em Nova York.

KICKSTART MY HEART

Rock 'n' roll e carros velozes andam de mãos dadas. Sempre foi uma boa ideia fazer fotos dos caras das bandas em seus *hot rods*. O Vince Neil chegou a usar uma foto minha numa camisa de corrida. Quando ele me mostrou o produto final, achei que tinha ficado legal pra cacete, com chamas rodeando a foto dele na frente da camisa. Eu o vi na corrida e perguntei se a camisa estava vendendo bem. Ele forçou um sorrisinho e respondeu: "Não muito". Parece que chamas em camisa de corrida dá azar. Alguns anos antes, eu tinha fotografado um pessoal no Dodge International Star Challenge, um evento para conscientizar sobre os perigos de se beber e dirigir, no Del Mar Fairgrounds, perto de San Diego. Bobby Blotzer, Ted Nugent e Tommy Lee terminaram em primeiro, segundo e terceiro lugares respectivamente, numa corrida na pista de 2,60 km em carros esportivos Daytona Shelby, da Dodge.

Mais tarde, em setembro daquele ano, o Warrant lançou o segundo trabalho, *Cherry Pie*. Jani Lane conheceu a modelo Bobbie Brown durante os testes para o *cast* do vídeo da música título. Depois disso, ele só queria saber de ficar com aquela garota. Deixou uma dúzia de rosas no *set* para ela; se casaram um ano depois e tiveram uma filha.

Retomei contato com Billy Squier no estádio do Giants, quando ele abriu para o Bon Jovi. Plantei a semente na cabeça dele, informando que, quando precisasse de um fotógrafo, eu estaria lá com a mão levantada. "Negócio fechado." Recebi uma ligação do Billy no segundo semestre para fazer as fotos do disco novo dele.

"Conheci o Jani no teste. Eles pediram para o pessoal me contratar, e basicamente o que ele me contou foi que tinha me visto no *Star Search* e pediu para que eu fosse contratada para participar do vídeo. Ele se apaixonou por aquela imagem e quis conquistar aquela garota. Nas filmagens do vídeo, eu não fazia ideia de qual seria a minha participação nele. E eu aparecia tanto quanto a banda – se não mais do que ela. Depois que o vídeo estreou na MTV, ele simplesmente estourou. Foi uma época maravilhosa." —**Bobbie Brown**

PÁGINA AO LADO: Bobbie Brown e Jani Lane, no *set* de filmagem do vídeo de "Cherry Pie", em Los Angeles. **PARTE SUPERIOR DESTA PÁGINA:** Ted Nugent, Bobby Blotzer e Tommy Lee no Dodge International Star Challenge, em Del Mar, Califórnia, 1988. **CANTO INFERIOR DESTA PÁGINA:** Rachel Bolan, do Skid Row, *MTV Celebrity Challenge*, Texaco/Havoline Grand Prix de Denver, Colorado, 1990 **PÁGINAS 356 E 357:** Warrant, filmagens do vídeo de "Cherry Pie".

BLAZE OF GLORY

O Jon Bon Jovi gravou o primeiro disco solo, *Blaze of Glory*, com algumas músicas do filme *Jovens Demais Para Morrer* e outras inspiradas na mesma produção cinematográfica. O Doc McGhee me pediu para ir ao A&M Studios, em L.A., tirar fotos do Jon gravando com alguns dos convidados do disco, como Little Richard, Jeff Beck e Elton John. Esses caras eram da realeza do rock. Na infância, eu tinha sido muito fã do Elton John em particular, e estar em um ambiente tão intimista com ele foi uma experiência extraordinária. Wayne Isham filmou o vídeo de "Blaze of Glory" no primeiro semestre daquele ano. Fui a Utah e peguei um helicóptero para chegar à colina isolada de pouco menos de oitocentos metros de altura onde filmavam o vídeo. Todo mundo ficou acampado lá alguns dias. Certa noite, saí tropeçando da barraca para dar uma mijada – mal sabia que estava a poucos metros da beirada da colina. Aquilo quase marcou o fim da minha carreira... e da minha vida.

Quando voltei a Jersey, o Jon me ligou querendo fazer um cartão de Natal para o ano de 1990. Quando disse aquilo, imaginei que ele queria uma foto com a Dorothea para distribuir na família. Para a minha felicidade, o pedido dele era um pouco mais rock 'n' roll. O Jon me falou que usaria couro vermelho da cabeça aos pés e queria ser puxado num trenó por um bando de garotas parcamente vestidas. Ele me pediu para colocar as fotos na maior quantidade possível de revistas. Liguei para alguns amigos, que ficaram mais do que felizes em participar da zoeira natalina. As fotos foram distribuídas pelo mundo. A mensagem estava dada!

O ano terminou com o Bon Jovi tocando no Count Basie Theatre, em Red Bank, Nova Jersey, no dia 23 de dezembro. Os fãs viraram a noite na fila. Os dois shows que fizeram beneficiariam o Monmouth Arts Council e a Congregação de Nossa Senhora da Caridade do Bom Pastor de Holmdel. Foi o primeiro de muitos concertos de Natal que passariam a acontecer no Count Basie.

O Kiss fechou os anos 1980 ainda forte, tocando em arenas na turnê do *Hot in the Shade*. Daí a alguns anos, a formação original da banda – Gene, Paul, Ace e Peter – se reuniria, voltaria a usar as máscaras e chegaria ao topo do mundo. O Judas Priest também continuaria a carregar a tocha do rock 'n' roll. Eles abriram os anos 1990 com o disco mais pesado da banda, *Painkiller*.

A música estava mudando. A nova década, sem exageros e dominada pelo *grunge*, estava emergindo. A Roma do Rock 'n' Roll ruiu. Mas dê uma olhada no que rola hoje – Mötley Crüe, Def Leppard, Poison e Joan Jett estão tocando juntos em estádios. O Guns N' Roses fez uma das turnês mais bem-sucedidas de todos os tempos. Metallica, AC/DC, Ozzy, Judas Priest, Bon Jovi e muitos outros estão não apenas vicejando, eles nunca foram tão grandes. Os anos 1980 foram a década do rock. Um brinde a muitas outras décadas de rock por vir.

AO LADO: gravação de *Blaze of Glory*, do Jon Bon Jovi. A&M Studios, Los Angeles. **ACIMA:** Elton John e Jon Bon Jovi durante as gravações do *Blaze of Glory*.

TOPO DA PÁGINA: Little Richard. **ACIMA:** Elton John. **AO LADO:** Jon Bon Jovi.

AO LADO: Jon Bon Jovi, filmagens do vídeo de "Blaze of Glory", em Utah.
TOPO DESTA PÁGINA: Jon Bon Jovi filmando "Blaze of Glory". **ACIMA:** Mark na barraca durante as filmagens do vídeo de "Blaze of Glory". **PÁGINAS 364 E 365:** Jon Bon Jovi, filmagens do vídeo de "Miracle", em Utah.

AO LADO: Paul Stanley, do Kiss, turnê do *Hot in the Shade*.
NESTA PÁGINA E NAS PÁGINAS 368 E 369: Kiss ao vivo.

NESTA PÁGINA: Rob Halford, turnê do *Painkiller*. **AO LADO:** K. K. Downing e Glenn Tipton. **PÁGINA 372:** Rob Halford.

370 * 1990

A maioria das bandas tenta controlar o próprio destino e, até certo ponto, os fotógrafos conseguem controlá-lo. Porque eles capturam algo que acontece no palco, aquilo se transforma numa espécie de gravação de um grande filme. Aquilo se torna icônico.

—Rob Halford

May 4, 1987

Dear Mr. Secher,

I just wanted to take the time to write for the first time to the magazine that I've been subscribing to for years. There are many people that play an important role in rock today, and I have a favorite unsung hero that I would like to recognize.

His name is Mark Weiss, known by many as "Weissguy". I have no one else on earth to praise more than this man. He has taken some of the greatest pictures for magazines, posters, and album covers that I have ever seen. I treasure many of them. Mark is truly a professional ranking way out of everyone's league.

If you can, please give Mark Weiss my highest regards & thank him for all of the wonderful photos — I would love to have a picture of Mark himself. He is someone that I would be very proud to meet. Keep it up! —Love, Janine McKavish

TRADUÇÃO DA CARTA: "4 de maio de 1987. Prezado Sr. Secher. Quis dedicar um tempo a escrever pela primeira vez para a revista que assino há anos. Muitas pessoas desempenham um papel importante no rock hoje, mas há um herói não valorizado que eu gostaria de parabenizar. O nome dele é Mark Weiss, conhecido por muitos como 'Weissguy'. Não há ninguém na Terra que eu queira exaltar mais do que esse homem. Ele tirou algumas das melhores fotos para revistas, pôsteres e capas de discos que já vi. Coleciono muitas delas. O Mark é um verdadeiro profissional e deixa qualquer outro no chinelo. Se puder, por favor, transmita-lhe a alta estima que nutro por ele e agradeça por todas as ótimas fotos – adoraria ter um retrato do próprio Mark. Eu ficaria muito satisfeita se o conhecesse. Continue mandando ver! Com amor, Janine McKavish."

POSFÁCIO

Como morei a vida inteira em Nova Jersey e sempre fui fã de rock, conheço o Mark Weiss pessoalmente há muito tempo. Só que, mesmo antes de conhecê-lo, eu sabia da existência do cara e do trabalho dele. Além de eu ter inúmeros discos com as fotos dele, o Mark também era parte integrante da cena do rock. Em quase todos os shows a que ia, eu via um cara de visual maneiro correndo para todo o lado no palco ou no *pit* dos fotógrafos… e depois também no público, no *lobby*, no estacionamento, na primeira fila, na mesa de som e nos camarins. O Mark estava em todo o lugar. Na adolescência, cheguei ao ponto de saber que uma banda estava prestes a entrar no palco quando eu via o Mark sair do *backstage* e ir para o lugar dele no *pit*. Se o Mark estivesse pronto para fotografar, eu sabia que as luzes se apagariam e a banda começaria a tocar.

Depois que comecei a trabalhar no mercado de discos e rádio no início dos anos 1980, conheci o Mark pessoalmente. Na minha época de Megaforce Records, ele fotografou muitos dos artistas com os quais trabalhei e, com o passar das décadas, nos encontraríamos em uma quantidade enorme de shows, cruzeiros e festivais. O mais impressionante é que o Mark estava em todos os lugares naquela época e continua em todos os lugares hoje. Conheço muita gente nesse mercado que perde a paixão, o ímpeto e o amor pelo rock com a idade. Sem rodeios: eles ficam velhos. O Mark nunca envelhece.

O trabalho do Mark fala por si só. As imagens incríveis que ele faz no palco e fora dele capturam os artistas icônicos que tanto amamos de uma forma que poucos conseguem. Mas igualmente impressionante é ele ainda ter a paixão e a energia juvenis para fazer o que faz, e com um nível altíssimo. Além do mais, do jeito que ele trabalha, a gente nem percebe o que está acontecendo! Algumas das minhas fotos preferidas com artistas foram feitas pelo Mark e na hora eu nem notei que ele estava fotografando. O Mark tem um jeito único de capturar o momento. Sempre que menciono no meu programa de rádio alguma coisa de um show a que fui, sei que minutos depois o Mark vai me mandar alguma foto exatamente daquele show que mencionei.

Sempre acreditei que o rock 'n' roll nos mantém jovens, e o trabalho e a paixão do Mark são prova disso. O que você teve a oportunidade de ver neste livro é uma pequena amostra das décadas de comprometimento dele com a fotografia de rock do mais alto nível. Mal posso esperar para ver o que ele tem na manga para o futuro. Vou ficar de olho nele no *pit*!

—Eddie Trunk

AO LADO: carta de uma fã, 1987. **ACIMA:** Eddie Trunk com o Skid Row e o Ace Frehley, na Brendan Byrne Arena, em 1989.

AGRADECIMENTOS

Estas fotos representam o período inesquecível que passei com músicos talentosíssimos. Éramos ciganos do rock 'n' roll viajando de cidade em cidade. As bandas tocavam, eu tirava fotos, farreávamos com as pessoas do lugar, depois partíamos para a próxima cidade. Eram os anos 1980 – uma grande festa.

Um agradecimento muito especial para a minha arquivista, Camille Cagno, pela incrível dedicação a este projeto. Também quero agradecer a todos que têm trabalhado comigo ao longo das décadas e àqueles que me contrataram. Um muito obrigado para Michael Jensen e Mike Appel e um alô especial para os meus grandes amigos Danny Sanchez, Dave Feld, Mario Frasca, Geoff Blake, Sean Tobin, Mikael Kirke e todos os fãs.

Este livro é dedicado aos meus pais, Rita e Mike, e ao meu irmão, Jay – sinto muita falta de todos. Ele também é dedicado aos meus filhos, Guy e Adele, e à minha família, George, Gale, Deena, Jeff, Sam e Susan. Por fim, ele é dedicado à mais nova pessoa na minha vida, meu neto Jaxon Mark Weiss – a nova geração que aguarda para descobrir A DÉCADA DO ROCK!

— Mark "WEISSGUY" Weiss

Um agradecimento especial para os seguintes indivíduos:

Steven Adler	Scott Figman	Wayne Isham	Larry Morand	Gene Simmons
Jayne Andrews	Chuck Fishbein	Rachel Kasuch	Denise Morgan	Daniel Siwek
Michael Anthony	Jason Flom	Carole Kaye	Melody Myers	Nikki Sixx
Sebastian Bach	Lita Ford	Tom Keifer	Vince Neil	Terri Smith
Frankie Banali	Jay Jay French	Simon Kenton	Ozzy Osbourne	Zack Smith
Harry Barone	Lonn M. Friend	Jacqui King	Sharon Osbourne	Dee Snider
Jean Beauvoir	Bruce Gallipani	Steve Lacy	Joe Perry	Paul Stanley
Bryn Bridenthal	Jerry Gaskill	Amy Lasch	Al Pitrelli	Dana Strum
Jacob Bunton	Ellen Zoe Golden	Doreen Lauer	Mark Puma	Michele Terry
Chris Busch	Lynn Goldsmith	Tommy Lee	Stevie Rachelle	Eddie Trunk
Cheri Canner	Michael Guarracino	Neon Leon	Walter Reed	Steven Tyler
Cedar Ridge HS	Sammy Hagar	Tom Lipsky	Kenny Reff	Steven Van Zandt
Warren Croyle	Rob Halford	Toby Mamis	Keith Roth	Anthony Winters
Bobby Dall	Rusty Hamilton	Steve Mandel	Gerry Rothberg	Barbaranne Wylde
George Dassinger	Margaret Hammel	Mick Mars	Al Rudolf	Zakk Wylde
Wendy Dio	Thomas Hazaert	Larry Mazer	Dave "Snake" Sabo	Johnny Zazula
Don Dokken	Rick Homan	Doc McGhee	Rudy Sarzo	Chip Z'Nuff
Alistair Duncan	Byron Hontas	Scott McGhee	Andy Secher	
John Fenton	Ioannis	Bret Michaels	Pat Shallis	

Também gostaria de agradecer a algumas pessoas que não estão mais entre nós:

Bill Aucoin	Randy Castillo	Ronnie James Dio	Laura Kaufman	Paul O'Neill
Eric Carr	Robbin Crosby	Kevin DuBrow	Jani Lane	David Z

"Você é apenas uma gravura. Você é apenas uma imagem capturada no tempo... Um arco-íris no escuro." —Ronnie James Dio

ACIMA: Mark no seu estúdio em Nova York, 1983.
AO LADO: Dee Snider, do Twisted Sister. Hollywood, Califórnia, 1985.

"Se você não for, não vai saber."
—Weissguy

MarkWeiss.com

 facebook.com/markweissphotography
Instagram @markweissguy

PÁGINA 1: David Lee Roth no *backstage*, turnê do *Fair Warning*, no Spectrum, 1981. **PÁGINAS 2 E 3:** Metallica, turnê Damage, Inc., 1986. **PÁGINA 4:** Slash, turnê do *Appetite for Destruction*, no Lakeland Civic Center, na Flórida, 1987. **PÁGINAS 6 E 7:** Dee Snider e Alice Cooper no *set* de filmagens do vídeo de "Be Chrool to Your Scuel", em 1985. **PÁGINA 8:** Ted Nugent e Steven Tyler no *backstage* da Brendan Byrne Arena, em 1981. **PÁGINAS 10 E 11:** Axl Rose, Sunset Grill, Hollywood, Califórnia, 1988. **PÁGINA 13:** Dee Snider, em 1985. **PÁGINA 14:** Tommy Lee e Ozzy Osbourne, em 1984. **PÁGINA 17:** Nikki Sixx, em 1983. **PÁGINA 18:** Rob Halford, do Judas Priest, turnê Metal Conqueror, Meadowlands, Nova Jersey, 1984. **PÁGINAS 20 E 21:** Público do Judas Priest, turnê World Vengeance, Meadowlands, 1982.

Copyright do texto © 2020 Mark Weiss
Copyright das fotos © 2020 Mark Weiss

Título original: The Decade That Rocked: The Photography of Mark "Weissguy" Weiss

Todos os direitos reservados

Publicado mediante acordo com a Insight Editions.

Nenhuma parte desta publicação pode ser reproduzida, armazenada ou transmitida para fins comerciais sem a permissão do editor. Você não precisa pedir nenhuma autorização, no entanto, para compartilhar pequenos trechos ou reproduções das páginas nas suas redes sociais, para divulgar a capa, nem para contar para seus amigos como este livro é incrível (e como somos modestos).

Este livro é o resultado de um trabalho feito com muito amor, diversão e gente finice pelas seguintes pessoas:

Gustavo Guertler (*publisher*), Marcelo Viegas (edição), Jaqueline Kanashiro (revisão), Celso Orlandin Jr. (diagramação e adaptação do projeto gráfico) e Marcelo Hauck (tradução)
Obrigado, amigos.

2020
Todos os direitos desta edição reservados à
Editora Belas Letras Ltda.
Rua Coronel Camisão, 167
CEP 95020-420 – Caxias do Sul – RS
www.belasletras.com.br

Dados Internacionais de Catalogação na Fonte (CIP)
Biblioteca Pública Municipal Dr. Demetrio Niederauer
Caxias do Sul, RS

W431d	Weiss, Mark
	A década do rock: a fotografia de Mark "Weissguy" Weiss/Mark Weiss e Richard Bienstock; fotos: Mark Weiss ; tradutor: Marcelo Hauck. - Caxias do Sul: Belas Letras, 2020.
	384 p.: il.
	Título original: The decade that rocked: the photography of Mark "Weissguy" Weiss
	ISBN: 978-65-5537-035-5
	ISBN: 978-65-5537-034-8
	1. Rock (Música). 2. Músicos de rock - Estados Unidos - Fotografia. 3. Fotografia. I. Bienstock, Richard. II. Hauck, Marcelo. III. Título.
20/90	CDU 784.4:77(73)

Catalogação elaborada por Vanessa Pinent, CRB-10/1297

**COMPRE UM
·LIVRO·
doe um livro**

Nosso propósito é transformar a vida das pessoas por meio de histórias. Em 2015, nós criamos o programa compre 1 doe 1. Cada vez que você compra um livro na loja virtual da Belas Letras, você está ajudando a mudar o Brasil, doando um outro livro por meio da sua compra. Queremos que até 2020 esses livros cheguem a todos os 5.570 municípios brasileiros.

**Conheça o projeto e se junte a essa causa:
www.belasletras.com.br**

Este livro foi composto em Minion Pro e impresso em couchê 150 g pela Gráfica Pallotti, em fevereiro de 2021.